Ler depressa

Tina Konstant

Ler depressa

ACTUAL EDITORA

Almedina Brasil Ltda./ Actual Editora Lda.
Alameda Lorena, 670, São Paulo, SP
Cep.: 01424-000
Brasil

Tel./Fax: +55 11 3885-6624

Site: www.almedina.com.br

Título original: *Speed Reading*

Edição original publicada por Hodder Education, UK

Edição Almedina Brasil Ltda. – Março 2010

Tradução: Walter Sagardoy
Preparação de texto: Jéthero de Faria
Revisão: Eliel Silveira da Cunha
Diagramação: Genildo Santana
Capa: FBA
Impressão e acabamento: Geográfica editora

ISBN: 978-85-62937-02-6

Impresso em março de 2010.

Dados Internacionais de Catalogação na Publicação (CIP)
(Câmara Brasileira do Livro, SP, Brasil)

Konstant, Tina
Ler depressa / Tina Konstant ; [traduzido por Walter Sagardoy]. -- São Paulo : Actual Editora, 2010.

Título original: Speed reading.
ISBN 978-85-62937-02-6

1. Leitura - Desenvolvimento 2. Leitura dinâmica - Manuais, guias etc. I. Título.

10-00350 CDD-418.43

Índices para catálogo sistemático:
1. Manuais de leitura dinâmica : Linguística 418.43

Índice

Introdução

Por acaso você já encontrou alguma vez um livro que ensina a ler depressa e pensou: "Quero aprender a ler depressa, mas não tenho tempo para ler um livro com este número de páginas"? Continue a ler e você vai descobrir que essa sua dificuldade não é um problema.

Este livro tem três níveis de informação:

1. O que você *precisa* saber sobre ler depressa para aumentar a eficiência da sua leitura.

2. O que seria muito *útil* você saber sobre como ler depressa e melhorar a sua memória, mas que não é importante para aumentar a eficácia do seu aprendizado nesta etapa.

3. O que seria *bom* você saber mas que sem dúvida não é fundamental.

O que você vai conquistar

Em menos de 60 minutos

Se você costuma ler cerca de 250 palavras por minuto, será capaz de aprender as noções básicas de como ler depressa em menos de uma hora.

Depois da primeira meia hora

Após 30 minutos com o livro, você ficará sabendo o básico sobre como ler depressa. Será capaz de aplicar seus novos conhecimentos durante o restante da leitura do livro, terminando-o em metade do tempo.

Prioridade às prioridades

Uma das principais razões que nos levam a ler devagar é a falta de objetivo e de concentração. Por isso, apresentamos aqui algumas perguntas que você deve se fazer antes de começar a ler um livro.Você gastará apenas alguns minutos, mas que serão muito úteis para seu aprendizado.

- **Por que está lendo este livro?**
- **O que o leva a pensar que precisa ler este livro?**
- **Este livro é a melhor fonte para encontrar aquilo que procura?**
- **Quanto tempo pretende passar com este livro?**
- **Quando pretende utilizar a informação que encontrou neste livro?**
- **O que você já sabe sobre como ler depressa?**
- **O que espera deste livro?**
- **Como vai saber quando atingiu o seu objetivo?**

Este livro traz duas importantes técnicas para você aumentar seu ritmo de leitura. Essa técnica permite que:

- Você leia mais depressa e lembre-se do que leu.
- Descubra o que precisa ler sem ter, necessariamente, de ler o livro todo.

Ler depressa é muito mais do que ler rapidamente. No fundo, é ler de forma "inteligente". Ler de forma inteligente é:

- Definir qual o seu objetivo diante de qualquer material de leitura.
- Ler com a maior eficiência possível.
- Ser capaz de se lembrar de uma informação quando necessitar dela.

O objetivo deste livro é ajudá-lo a dominar as principais técnicas que lhe permitirão ler e absorver mais informações em menos tempo, uma vez que as técnicas aqui apresentadas permitem que você processe as informações mais rapidamente e as retenha por mais tempo. A partir de agora, a pilha de livros que você tem pela frente para ler parecerá menos ameaçadora do que anteriormente. Além disso, quando tiver aprendido a ler mais depressa e de forma mais eficiente o material não ficcional, irá descobrir que você aplicará de maneira natural e com grandes resultados essas técnicas na sua leitura de entretenimento, sem perder o prazer de desfrutar uma boa história.

Como acontece com tudo que é novidade, conseguir ler depressa implica alguma prática – mas não necessariamente aquela que o obrigará a passar horas e horas treinando para absorver o conhecimento das técnicas. Inclua as técnicas de ler depressa em sua rotina diária e, ao fazê-lo, logo você perceberá que é muito fácil reter o que lê em menos tempo do que você fazia anteriormente.

Como utilizar este livro

Para desenvolver sua habilidade de como ler mais depressa à medida que vai conhecendo as técnicas, este livro é apresentado de maneira fácil e foi concebido como uma ferramenta de trabalho e como uma referência a seguir que irá ajudá-lo a desenvolver suas habilidades de como ler mais depressa à medida que vai aprendendo.

Cada capítulo pode ser abordado de forma independente. Assim, será mais fácil você localizar a informação de que necessita. É importante habituar-se a navegar livremente em um livro em vez de lê-lo do princípio ao fim. Muitos autores não colocam as informações na ordem que mais convém ao leitor.

Isto nos conduz a uma das regras mais importantes da leitura eficaz:
Crie as suas próprias regras de leitura.

Um guia rápido para ler este livro depressa e de forma eficaz

1. Folheie o livro para ter uma noção da sua estrutura.
2. Leia o índice, sublinhe os capítulos que quer ler e assinale a ordem pela qual quer começar.
3. Leia o sumário.
4. Continue a ler esta introdução: vai ficar sabendo o que poderá conquistar ao ler cada um dos capítulos.
5. Finalmente, estude o sistema dos cinco passos e utilize-o no restante do livro.

Se quer saber apenas as noções básicas de como ler depressa

Leia os seguintes capítulos:
1. O sistema de leitura dos cinco passos.
2. Ler depressa.

Se pretender adquirir habilidades que lhe permitam desenvolver sua velocidade de leitura e melhorar sua memória
Leia os seguintes capítulos:
5. Memória.
7. A sua visão e a leitura eficaz.

À medida que avança na leitura e aprende novas técnicas sobre como ler depressa, não se esqueça de colocá-las em prática neste livro. Isso lhe dará a oportunidade de praticar suas novas habilidades e irá trazer-lhe mais benefícios em sua leitura: ou seja, você já estará usando o que aprendeu!

Capítulo 1: O sistema de leitura dos cinco passos

Este capítulo aborda uma das técnicas-chave do livro. Ele traz as ferramentas que o ajudarão a desenvolver a técnica de ler depressa mais rapidamente. Você vai aprender:

- A esvaziar rapidamente a pasta dos assuntos pendentes.
- A pôr em ordem a pilha de papéis construída ao longo dos anos.
- A ler livros que há anos gostaria de ter lido e ainda não conseguiu.
- A ler seu material de trabalho em menos da metade do tempo.

Capítulo 2: Ler depressa

Neste capítulo você vai aprender como ter flexibilidade no ato da leitura, como encontrar rapidamente a informação que pretende e como retirar a mensagem do documento sem perder tempo.

Capítulo 3: Está tudo nas palavras: desenvolvendo seu vocabulário

Quanto melhor for o seu vocabulário, mais depressa você conseguirá ler depressa. Este capítulo é especialmente útil caso você vá ler em outro idioma ou se o material que está a sua espera for técnico ou de um assunto bastante segmentado.

Capítulo 4: Concentração

Sem concentração não haverá memória. Este é um capítulo prático, com exercícios que irão ajudá-lo a aumentar sua concentração sempre que tiver de trabalhar.

Capítulo 5: Memória

Se você não se lembra do que lê, não vale a pena nem começar. Este capítulo lhe dará uma ideia de como sua memória funciona e do que pode acontecer quando ela não funciona. O capítulo inclui uma seleção de abordagens para memorizar o que você vai ler – ou está lendo. Leia-as e escolha as que poderá utilizar para os diferentes tipos de leitura que faz.

Capítulo 6: Conteúdo do texto

Será que todos os textos são iguais? Cada tipo de leitura deve ser abordado de maneira diferente. Neste capítulo você encontrará diversas estratégias que farão com que a leitura de um jornal demore apenas dez minutos, ou que documentos profissionais sejam ainda mais fáceis de ler.

Capítulo 7: Sua visão e a leitura eficaz

Os seus olhos são a sua mais importante ferramenta de leitura. Este capítulo irá ajudá-lo a cuidar dos olhos, a prevenir a "vista cansada" e a melhorar sua velocidade de leitura. Trazendo exercícios e ideias práticas, vai fazer com que os seus olhos trabalhem ainda melhor.

Capítulo 8: Distrações e soluções

Esteja onde estiver, faça o que fizer, sempre haverá alguma coisa que poderá distraí-lo. Este capítulo está intimamente relacionado com o Capítulo 4 ("Concentração") e o Capítulo 5 ("Memória"). Quanto menos distrações houver, mais rápida e produtiva será a sua leitura. Aqui você encontra inúmeras soluções para os mais variados tipos de distração.

Capítulo 9: Ler no mundo real

A maior parte das leituras é feita sob alguma forma de pressão, e assim o tempo se torna um fator crítico. Este é o capítulo que você precisa ler quando está sob pressão – por exemplo, se alguém lhe dá algo para ler e fica esperando que você termine. Também irá ajudá-lo a definir prioridades nas leituras que você quer fazer, evitando assim que as informações se embaralhem em sua cabeça.

Capítulo 10: Trabalhar e estudar

Este capítulo traz informações muito úteis para aqueles que estão estudando e trabalhando e que, além disso, tenham obrigações familiares e por isso sentem dificuldade de concentração. Nele você encontrará formas de simplificar e organizar sua leitura e de reduzir o risco de entrar em pânico uma semana antes da prova e/ou exame. Se, no entanto, você só tem uma semana até o exame, há uma estratégia neste capítulo que vai ajudá-lo a aproveitar melhor esse tempo.

Capítulo 11: Informação útil e teste prático de velocidade

Este é um capítulo de apoio e de recursos, com informação adicional que vai ajudá-lo a expandir seu vocabulário e tornar a leitura mais fácil. Se quiser, anote em um caderno todas as informações e/ou palavras novas que encontrar, pois isso o ajudará a ampliar seu vocabulário e consequentemente o ajudará a ler mais rapidamente.

Capítulo 12: E a seguir?

Como aplicar o que aprendeu? Este capítulo irá ajudá-lo a elaborar um programa de 21 dias que o auxiliará a incorporar o que aprendeu nas suas atividades diárias. Além disso, traz também dicas de como passar seu conhecimento – o que você aprendeu neste livro – aos outros.

> Outra regra muito importante:
> Divirta-se

Perguntas frequentes:

Questões sobre ler depressa:

- Qual é a maior velocidade possível de leitura?
- É fácil aprender a ler depressa?
- Como manter a concentração enquanto leio material monótono ou técnico?
- Como me lembrar do que li sempre que for necessário?

Você vai descobrir as respostas a muitas das perguntas acima ao ler este livro. A resposta à primeira pergunta é: não sabemos qual o limite de velocidade de leitura de cada um. O detentor do recorde atual consegue ler um livro do tamanho de *Guerra e paz*[1] em 20 minutos e responder corretamente às questões sobre o conteúdo do livro. A capacidade de responder a perguntas é o mais importante. Qual é a vantagem de gastar seu tempo lendo se não se lembrar sobre o que leu e tampouco poder usar o conhecimento a seu favor? Lembrar-se da informação, seja ela real, seja ficcional, muito tempo depois de tê-la lido é o tema abordado no Capítulo 5.

Ler depressa é fácil: só um quinto da estratégia de leitura apresentada no próximo capítulo exige prática; o restante do sistema funciona por si só.

---

1. Famosa obra do russo Leon Tolstói, com cerca de 1500 páginas (N. do T.).

1
O sistema de leitura dos cinco passos

Neste capítulo você vai aprender:

- os cinco passos: preparação, pré-visualização, leitura passiva, leitura ativa e leitura seletiva
- como ler por níveis de significado
- a ler com um objetivo

Introdução ao sistema dos cinco passos

Quando terminar os cinco passos do sistema você terá:

- explorado o material pelo menos três vezes;
- lido o que precisava ter lido;
- integrado o novo conhecimento àquilo que já sabe;
- conseguido reter o ponto exato da informação;
- encontrado a informação de que necessita.

E, mais importante, terá gasto menos tempo do que precisaria se você lesse da maneira convencional, ou seja, sem que tivesse utilizado essas técnicas. Para não cair nos antigos hábitos de leitura, siga o sistema dos cinco passos definidos neste livro.

Uma vez familiarizado, você poderá adaptá-lo a qualquer tipo de leitura – artigos, jornais, memorandos, livros, revistas etc. –, combinando e omitindo passos.

> O sistema dos cinco passos tem uma regra essencial: saber sempre *por que* vai ler determinado tema.

Não interessa qual o motivo por que está lendo algo – seja porque alguém recomendou a você, seja simplesmente porque quer –, desde que tenha um motivo.

Os cinco passos do sistema são os seguintes:

1. Preparação
2. Pré-visualização
3. Leitura passiva
4. Leitura ativa
5. Leitura seletiva

Esse sistema é baseado em um processo que lhe pede simplesmente para *sublinhar* e *eliminar*. O objetivo é identificar áreas que exijam um estudo mais aprofundado e eliminar aquelas que você tiver certeza de que não necessita.

Dependendo do que quer tirar do livro, os passos 1 a 4 podem demorar entre cinco e 40 minutos em um livro de 300 páginas. O tempo a ser gasto no Passo 5 vai depender do grau de particularidade que você quer obter do material.

Leia com atenção os passos 1 a 5 descritos a seguir. Dedique-se a um capítulo por vez, depois pegue um livro de ficção sobre um tema que seja do seu gosto e veja como o sistema funciona. Esqueça este livro que está lendo. Mais tarde falaremos dele.

Passo 1: Preparação

Uma das razões pelas quais a leitura pode ser algo frustrante é a falta de concentração. Isso tem a ver com os seus pensamentos, com aquilo que o rodeia e com uma infinidade de outras coisas. Uma das distrações principais é a tensão. Quando você está se preparando para começar a ler algum material, especialmente se é sobre um assunto desconhecido, a tensão pode aumentar. Uma forma de diminuir a tensão inicial é verificar o que já sabe sobre o assunto, mesmo que seja muito pouco. Outra maneira – se você está certo de que não sabe nada mesmo sobre o assunto – é formular questões que irão ajudá-lo a melhorar seus conhecimentos e a alcançar o seu objetivo.

O objetivo principal da preparação é construir o enquadramento no qual irá encaixar tudo o que aprende à medida que lê. O enquadramento pode ser construído por meio de fatos ou de perguntas.

Experiência de reflexão

Compare a experiência de preparar a leitura de um texto com a observação de algo que nunca tinha visto antes. Quando você vê algo pela primeira vez, no começo pode levar algum tempo para perceber o que está olhando. Durante o tempo desse "exercício" você compara o que está vendo com o que já conhece, até encontrar pontos de semelhança que irão ajudá-lo a descobrir o que está observando. Se não encontrar nada semelhante, você logo vai começar a se fazer perguntas.

Preparar uma leitura é fazer o mesmo. Ao olhar para o título ou para o assunto do que está prestes a ler, faça uma pausa para refletir sobre o que já conhece e que pode se assemelhar ao que está analisando. Se nada surgir, coloque algumas perguntas de uma forma estruturada.

As perguntas são importantes; sem elas vai ser impossível encontrar respostas. Faça perguntas sobre cada informação que coloca no seu enquadramento – quem, o quê, quando, por quê, como. Não há perguntas sem sentido. As questões rotuladas como tal geralmente são aquelas de difícil resposta. Lembre-se do tempo em que era criança e fazia uma pergunta. Se os seus pais não podiam, ou não queriam, responder, diziam-lhe: "Não faça pergunta tola", o que deixava você se sentindo confuso ou mesmo ignorante.

Sempre faça perguntas. É muito melhor não encontrar a resposta do que nunca ter perguntado. Quanto mais souber e quanto mais perguntar, maiores serão as probabilidades de ser capaz de entender um novo assunto.

A fase de preparação vai ajudá-lo a se concentrar na tarefa:

- **Escreva** o que já sabe sobre o assunto; palavras-chave são suficientes.
- **Decida** o que pretende do livro: precisa de informação genérica o suficiente para escrever um resumo sobre o assunto, ou simplesmente da resposta a uma pergunta específica?
- **Interrogue-se** sempre sobre estes três pontos:
  1. Por que estou lendo isto?
  2. O que já sei?
  3. O que preciso saber?

Colocar-se numa fase de aprendizagem é importante. Irá ajudá-lo a atingir a concentração máxima. O Capítulo 4, que lida com a concentração, oferece uma série de métodos que irão ajudá-lo a se concentrar no material de leitura que está à sua espera.

Passo 2: Pré-visualização

O objetivo de dar uma primeira olhada no livro é familiarizar-se com sua estrutura:

- Como ela se apresenta?
- Há resumos ou conclusões?
- O livro é só texto?
- Há algumas imagens?
- Qual é o tamanho da letra?
- É de fácil leitura?
- O texto está dividido em seções?
- É um conjunto de parágrafos?

Para um livro de 300 páginas, a leitura geral deve demorar cerca de dez minutos.

- **Leia** a capa e a contracapa, as orelhas e o índice e dê uma rápida olhada no índice remissivo, no glossário e na bibliografia.
- **Descubra** a estrutura do livro: títulos dos capítulos, subtítulos, fotografias, tabelas, cartuns e imagens.
- **Deixe** de lado desde já as partes do livro que tem certeza de que não são importantes para você.
- **Sublinhe** as áreas que julga serem úteis.
- **Esteja certo** sobre o que pretende do livro.
- Caso fique claro que o livro não contém as informações

de que precisa, descarte-o e procure outro. Você terá poupado horas de trabalho inútil.

Há uma grande quantidade de informação que você poderá obter de cada uma das fases da pré-visualização. Eis algumas ideias sobre o que deverá procurar durante este processo:

A capa

A capa é o que primeiro chama a atenção para um livro. A imagem já é pensada para atrair sua atenção, portanto é importante olhar para além da imagem da capa para descobrir se o livro lhe diz algo.

Resumo na contracapa

Este resumo, também chamado de texto de quarta capa, deverá fornecer uma boa indicação sobre o conteúdo do livro. Muitas vezes contém promessas como: "Se você ler este livro, vai conseguir...". O texto da quarta capa também será um bom indicativo de complexidade de linguagem, de conteúdo etc. Se estiver escrito de maneira clara e de fácil compreensão, provavelmente o conteúdo terá o mesmo ritmo. O mesmo serve para linguagens complexas.

Orelhas

A maior parte dos livros traz informações nas orelhas da capa. Normalmente são resumos, informações biográficas e até mesmo uma foto do autor. São as "orelhas" – abas laterais da capa – que lhe darão informações mais aprofundadas sobre o tema do livro e sobre o autor.

Prefácio

Apesar de raramente ser lido, o prefácio é provavelmente a parte mais importante a ser analisada em uma fase inicial de leitura. Quase sempre é escrito por um especialista na área. O prefácio incluirá sempre informação acerca do autor e sua experiência na área sobre a qual está escrevendo.

Índice

O índice tem como objetivo ajudar o leitor a explorar o livro, e é provável que seja a seção que você irá consultar mais vezes. Quando ler o índice pela primeira vez, vá tomando notas. Se perceber que não precisa do conteúdo de certo capítulo, faça uma nota sobre as razões pelas quais julga não precisar dele. Para os capítulos que quer, assinale o que espera encontrar ou as perguntas para as quais espera obter resposta.

Gráficos, imagens e *cartoons*

Estes podem ser uma excelente fonte de informação. Contêm informação sobre o tópico em uma linguagem de pintura. Uma vez que a maior parte de nós se lembra melhor das imagens do que das palavras, essa é uma maneira simples de ajudálo a se lembrar do que está lendo. Não dê apenas uma rápida olhada nos gráficos e nas imagens: estude-os, leia os títulos e todas as explicações fornecidas e avalie como se encaixam no enquadramento que construiu no Passo 1.

Tabelas

Elas são úteis, mas muitas vezes podem ser confusas se não houver um conhecimento prévio do conteúdo. Observe rapidamente as tabelas sem tentar memorizar ou compreender totalmente a informação. Se uma explicação breve estiver anexada à tabela, leia-a, mas sem despender muito tempo nisso. A informação irá tornar-se mais clara no Passo 4 – Leitura ativa.

Índice remissivo

Depois do índice, esta é a seção mais importante do livro. O índice remissivo vai fornecer informação detalhada, num formato diferente do índice que você se acostumou a ver:

- Se você procura informação sobre um aspecto específico do tema ou uma resposta a uma pergunta concreta, pode encontrar uma referência sem ter de ler mais nada.
- O índice remissivo lhe dará uma indicação muito clara do nível de pormenores que o livro tem sobre o seu tema.

Glossário

Faça uma leitura superficial deste capítulo, pois ela será de grande utilidade no Passo 3 – Leitura passiva –, quando estiver estudando a linguagem do texto. Enquanto estiver lendo as seções que selecionou, o glossário será de grande valor – coloque um marcador de páginas no início do capítulo, de modo que, quando precisar buscar o significado de uma palavra, seja capaz de encontrá-lo rapidamente. Se estiver estudando pelo livro, certifique-se de que você pode xerocar o glossário para que possa fazer anotações à medida que estuda.

Bibliografia

A bibliografia pode indicar alguns dos livros que o autor utilizou como referência no desenvolvimento do trabalho. Também dará uma ideia sobre o público-alvo a que o livro se dirige. Se a bibliografia não for familiar a você, pode ser um bom guia de referência para estudos mais aprofundados.

Com base na informação reunida nesse passo, você será capaz de pensar de forma mais clara sobre a abrangência do texto. Nesta fase, reveja os seus objetivos. Eles são os mesmos que havia definido antes de ter feito uma primeira análise do livro ou mudaram na sequência do que aprendeu?

Neste momento da leitura, você já deverá conseguir iniciar a expansão do seu conhecimento e compreender melhor o que o autor quer dizer. Se, porém, o ponto de vista do autor ainda não estiver claro para você, retome a leitura para compreender melhor aonde ele quer chegar e como pode ajudá-lo a desenvolver o método de leitura rápida...

Muitas vezes os especialistas escrevem sobre a área em que atuam e se esquecem que muitos dos que os vão ler não têm a mesma vivência com o assunto. Como consequência, a linguagem pode ser complexa e podem faltar explicações básicas. Se este for o seu caso, pense nas perguntas para as quais precisa de resposta antes de continuar a leitura. Com essas questões em mente, avance para o Passo 3.

Passo 3: Leitura passiva

Agora que você está preparado e conhece a estrutura do livro, este passo irá familiarizá-lo com sua **linguagem** e **organização.** Está repleto de vocabulário técnico? O autor é um "entusiasta da língua"? Como é que a informação está organizada? Há muitos exemplos? O livro conduz o leitor por um processo gradual?

Saber como o livro está organizado irá ajudá-lo a identificar ideias e frases-chave no Passo 4 – Leitura ativa.

A informação pode estar disposta de várias formas:

- **Cronológica** – Primeiro, segundo, terceiro ou por data.
- **Exemplos** – Ao se defrontar com histórias, perceba que elas estão ali para servir de exemplos e/ou esclarecimentos para os argumentos que o autor apresenta e/ou apresentará a seguir.
- **Vantagens e desvantagens** – Para descobrir esta estrutura, procure palavras como "mas", "por outro lado" e "no entanto".
- **Processo** – A atividade A leva à atividade B e depois à atividade C.
- **Mais importante/menos importante** – O autor coloca o essencial no princípio ou no fim? A maior parte dos artigos de jornal tem a informação mais importante no início, seguida dos pormenores necessários para dizer mais sobre o acontecimento real e talvez um comentário final das pessoas envolvidas ou a opinião do jornalista.

O passo da leitura passiva funciona melhor se você tiver completado meticulosamente o Passo 1 – Preparação.

Você deve levar entre 10 e 15 minutos para ler um livro de 300 páginas de forma passiva:

- **"Dê uma passada de olhos"** pelas páginas a um ritmo de cerca de uma página a cada um ou dois segundos.
- **Sublinhe** palavras que se destacam. Podem ser nomes, palavras longas ou técnicas ou palavras que estejam em **negrito** ou *itálico.*
- Identifique se a **linguagem** é técnica, não técnica ou de fácil compreensão. Está familiarizado com ela?
- Procure por palavras que lhe dão uma **pista** de como

a informação está estruturada. Comece a procurar por ideias-chave.

- Assinale onde parecem estar os **argumentos-chave.**

Uma experiência e uma nota importante

Se souber o que procura, vai encontrar. Se sabe **por que** está lendo o livro, saberá **o que** procurar. Assim, será muito fácil encontrar as palavras relacionadas com sua área de interesse.

Experimente: olhe ao redor e preste atenção em tudo que é *vermelho.* Apenas vermelho. Observe quantos tons de vermelho existem. Agora feche os olhos e lembre-se de tudo o que era azul. Em que você prestou atenção?

Passo 4: Leitura ativa

O principal objetivo da leitura ativa é identificar as principais ideias do texto. Existem duas razões para que este objetivo seja um desafio:

- Você poderá não saber o suficiente sobre o texto ou sobre o autor para reconhecer quais são as ideias e os argumentos. É como se lhe perguntassem se tem alguma questão sobre um assunto que não domina – como você não conhece o assunto, não saberá o suficiente para formular perguntas. Quanto mais meticulosamente levar a cabo o Passo 1 e o Passo 3, mais claro será o seu objetivo e mais fácil será identificar as ideias principais.
- O segundo desafio reside no fato de não saber exatamente onde é que estão explicadas as principais ideias

no texto. Apesar de a ideia essencial da maior parte dos textos bem escritos estar na primeira frase do parágrafo, pode também se encontrar no meio ou no fim.

Encontrar a ideia principal

Conhecer o tipo de material que está lendo irá ajudá-lo a determinar onde é mais provável que esteja a ideia principal. Um texto escrito para informar terá a frase-chave no início do parágrafo. Se o objetivo for lúdico, então o mais provável é que a informação fundamental esteja no final (como o "fecho" de uma anedota). Se o objetivo do texto for persuadi-lo, poderá encontrar a informação-chave no início ou no meio. Durante os passos 1 e 3, procure a localização da informação central; isso vai ajudá-lo a identificar a natureza do texto.

Para mais detalhes

Se esta é a primeira vez que você vai ler um livro com o objetivo aqui definido, as dicas para um melhor aproveitamento são:

- Identifique o tipo de material que está lendo.
- Leia o **primeiro parágrafo de cada capítulo** e a **primeira e a última frase de todos os parágrafos.**
- À medida que avança no texto, comece a identificar onde é provável que esteja a ideia principal e dê mais atenção a essas seções.

- Evite ler parágrafos inteiros. Isso vai fazer com que você demore mais.

A questão-chave a ser colocada durante este passo é:

- A qual conclusão o autor quer chegar?

Elimine, destaque, sublinhe, faça círculos e tome notas à medida que estiver lendo. Mais à frente neste livro, você irá aprender a fazer um "mapa mental". Quanto mais cuidadoso, mais fácil será selecionar o que realmente precisa ler.

Analise sua leitura

Antes de se lançar ao Passo 5 – Leitura seletiva, faça uma pausa para refletir sobre o que você já leu até agora:

- Sentiu alguma dificuldade com o contexto, o vocabulário ou o conteúdo deste livro?
- O material que leu despertou em você pensamentos ou sentimentos diferentes do rotineiro?
- Qual era sua atitude antes de ter começado a ler? Ela foi alterada pela leitura?
- Ao percorrer os passos de 1 a 4, ficou mais ou menos interessado no material?
- Quanto tempo demorou? Poderia ter reduzido esse tempo?
- Você se sentiu atraído por alguma seção em particular?
- Encontrou aquilo que procurava?
- Suas anotações são claras o bastante?

A terceira pergunta, sobre a atitude, é muito importante. Se se sentir negativista em relação à tarefa, sua motivação e concentração certamente diminuirão, o que pode tornar mais difícil selecionar corretamente o que precisa ler.

Antes de iniciar o próximo passo, tome nota das perguntas para as quais gostaria de obter resposta no material que pretende ler. Poderá perguntar, por exemplo:

- Qual é o tema do material?

- Quais são os principais argumentos que o autor quer transmitir?

Passo 5: Leitura seletiva

> **Experiência de reflexão (não a faça realmente, a não ser que queira perder muito tempo e motivação)**
> Imagine que você vai fazer uma viagem de Londres a Edimburgo e utilizará, sempre que possível, as estradas nacionais.
> Imagine também que esta é a primeira vez que fará essa viagem, mas mesmo assim você resolve não levar um mapa. Ao chegar a Edimburgo, você decide cronometrar o tempo, inclusive aquele gasto em desvios e obtenção de informações. Faça a mesma viagem uma segunda vez utilizando o mapa e depois compare a diferença de tempo entre os dois deslocamentos.
> O mesmo se aplica à leitura. Os primeiros quatro passos, da preparação até a leitura ativa, criam um mapa que poderá seguir. Quando você sabe aonde vai e como chegar, a tarefa é muito mais fácil de ser cumprida.

O objetivo dos primeiros quatro passos é ajudá-lo a selecionar o que precisa ou quer ler e a fazê-lo **de forma inteligente.**

Durante os quatro primeiros passos você decidiu o que quer ler, quais respostas procura e qual o seu interesse no assunto. Estudou a estrutura do livro, está familiarizado com a sua linguagem, leu parte do conteúdo, o que lhe deu uma perfeita compreensão sobre o que o livro contém. Agora pode selecionar as partes que realmente precisa ler sem se preocupar se está perdendo alguma coisa.

O "de forma inteligente" refere-se ao seu objetivo inicial. Ler com inteligência vai ajudá-lo a distinguir entre o que precisa saber, o que gostaria de saber e o que seria divertido saber.

Para escolher o que precisa ler para concretizar o objetivo a que se propôs durante a sua preparação:

- Reveja as notas que fez no Passo 1.
- Acrescente qualquer informação relevante que obteve à medida que foi lendo.
- Responda à questão: "Já tenho aquilo que procuro?"
- Se tiver, **pare.**
- Se não, reveja as palavras-chave sublinhadas durante o Passo 3 - Leitura ativa. Reveja-as uma vez mais e interrogue-se se tem o que quer.
- Se chegar à conclusão de que necessita de mais informação, folheie o livro e leia as partes do texto que identificou como relevantes durante os primeiros quatro passos.
- Se concluir que precisa ler o livro todo, vai poder fazê-lo muito mais depressa, porque, depois de completados os quatro primeiros passos do sistema, saberá o que o livro contém e o que esperar.

Neste momento você estará familiarizado com a estrutura, a linguagem e o conteúdo do livro. Terá despendido aproximadamente 40 a 50 minutos com ele e terá uma ideia razoável do que contém.

Pense uma vez mais sobre o que pretende retirar desse material. O tempo que vai utilizar no Passo 5 depende daquilo que decidir que necessita. Quer decida ler o livro todo ou apenas um parágrafo numa página de um capítulo, essa será uma decisão informada e não terá desperdiçado o seu tempo.

Lembre-se do sistema dos cinco passos e aplique-o a todo o conteúdo deste livro.

Uma das principais queixas em relação aos livros que ensinam a ler depressa é o fato de eles conterem muitas páginas e com isso tomarem muito tempo para ler. Utilize o que assimilou à medida que aprende a aumentar a velocidade de leitura deste livro.

Você sabia?
Se você não souber nada sobre determinado tema antes de começar, é quase impossível lembrar-se do que leu. O sistema dos cinco passos vai ajudá-lo a construir uma estrutura de conhecimentos, tornando mais fácil fixar e relembrar a informação.

Leitura por níveis de significado

O objetivo do sistema dos cinco passos consiste em reunir tanta informação quanto possível antes de escolher o que quer ou tem de ler. Dependendo do seu material, das suas razões e do tempo disponível, você pode utilizar o sistema de várias formas.

Quanto maior for a sua percepção do conteúdo, melhor será a sua compreensão quando ler mais profundamente. O tipo de significado que obtém a partir do processo dos cinco passos vai depender do que procura.

Você poderá obter de um texto diferentes níveis de significado. Cada nível requer um tipo de leitura diferente:

- **Significado literal** – Este é o significado exato do texto. Consiste essencialmente nos fatos, números, datas e nomes. Esta informação poderá ter de ser decorada e não pode ser alterada ou reinterpretada.
- **Significado implícito** – Esta informação não é transmitida diretamente. Poderá exigir análise. Se o autor diz "Estava um dia quente e magnífico", está implícito que o sol brilhou durante parte do dia.
- **Significado inferido** – Exige um pouco mais de análise. Implica questionar o autor e analisar mais profundamente o que este quer dizer.

> Veja, por exemplo, esta afirmação: a mente humana é como um computador, o problema é que um computador vem com um manual de instruções, e a nossa mente não.

- O **significado literal** dessa frase é que os computadores vêm com manuais de instruções.
- O **significado implícito** é que existe alguma semelhança entre a forma como funciona o sistema de um computador e o modo como a nossa mente parece trabalhar.
- O **significado inferido** é que sabemos como um computador funciona porque temos um manual como guia; mas nunca saberemos como a nossa mente funciona porque não temos um guia que nos conduza através das suas funções. Se houvesse um manual, então não teríamos nenhum tipo de problema.

O significado inferido pode ser tão diverso quanto a sua imaginação. Já os significados literal e implícito são um pouco mais limitativos.

Para demonstrar como a sua leitura varia de acordo com os diferentes níveis de significado que procura, leia o texto a seguir três vezes. Primeiro, procure apenas o significado literal, depois o implícito. Finalmente, leia-o com a mente totalmente aberta ao significado inferido, dando ao texto tantas interpretações diferentes quantas conseguir.

"Um gestor tem de compreender que todas as pessoas são diferentes", de Morris Taylor

Os estudantes de psicologia normalmente aprendem – ou convivem com – o pouco que é conhecido e ensinado sobre o tema das "Diferenças Individuais", um termo que dispensa explicações.

Também exploram variações do tema do condicionamento clássico (estilo cachorro de Pavlov) e prosseguem – citando apenas alguns exemplos – pelo behaviorismo, a aprendizagem social e outras importantes teorias sobre o porquê e como os humanos se comportam de determinada maneira. E talvez aprendam um pouco sobre a teoria da personalidade e como nos comportamos (bem ou mal) em grupos.

Aqueles que estudam antropologia – em especial na vertente cultural – lêem sobre "Universais Humanos": os comportamentos observáveis (e não observáveis) que se pode provar (será que é possível alguma vez provar?) que ocorrem em todos os seres humanos ou, pelo menos, em largos grupos culturais.

Será que, devido às diferenças individuais (e também às diferenças culturais), não há tantos universais humanos como poderíamos pensar inicialmente?

Emmanuel Kant (espero que me perdoe a minha

adaptação livre) disse que fazer o "bem" só era "bom" se fosse feito pelo fato de ser "bom".
Anton Tolman debateu Haywood: "...a verdadeira motivação intrínseca é gerada pela sensação interna e psicológica de lidar com uma tarefa 'para o seu próprio bem'".
John Seddon disse: "...o que mais me preocupa é quando o professor dá a você uma estrela dourada. Você pode se sentir bem, mas as outras crianças da sala de aula podem sentir que perderam".
Quando os psicólogos falavam sobre variáveis independentes nas suas experiências, era comum discutirem, entre outras coisas, "estímulos materiais". Agora ouvimos falar mais de "estímulos em contexto".
Shakespeare disse: "Não há nada bom ou mau, só o pensamento o torna assim". Quererá isto dizer que um conjunto de estrelas douradas coladas numa folha tem pouco ou nenhum significado a não ser aquele que nós, enquanto grupo (e, portanto, culturalmente), escolhemos como importante? E isso me permitiria afirmar, de forma sensata, que o significado de uma estrela dourada tem tanto a ver com influências culturais como com qualquer outras teorias do comportamento humano?
E, seja qual for o significado que atribuímos a uma estrela dourada, ele se aplica universalmente a todos aqueles que conseguirem uma, mesmo que seja em contextos diferentes?
Ou, como disse Deming, todos são diferentes?
E "ser diferente" é, em si mesmo, um comportamento universal?
E isso me faz pensar – há realmente alguma diferença entre uma estrela dourada e uma miçanga vermelha...
Gostaria mesmo de saber... mas não sei.

(*Fonte:* Morris Taylor [1997], discussões sobre a Rede Eletrônica de Deming: den.list@deming.ces.clemson.edu)

Antes de continuar, qual era a ideia-chave do texto? O autor tenta informar, persuadir ou entreter? Onde estava a frase-chave? A frase-chave mudou conforme o significado que procurava?

Este exercício serve para enfatizar que você irá encontrar aquilo que quer encontrar. É muito fácil colocar a sua interpretação pessoal naquilo que está lendo e depois evitar que isso desvirtue o propósito inicial da sua leitura. É importante que seu objetivo seja transparente.

Ler com um objetivo

Quanto mais explícito for o seu objetivo, mais fácil se tornará a sua leitura. Aqui estão alguns aspectos que deve ter presentes à medida que lê, pois irão ajudá-lo a manter e a refinar constantemente o seu objetivo:

- **Aplicação** – Enquanto lê, pense por que está lendo o texto. Quando é que vai aplicá-lo, como vai se sentir ao aplicar a nova informação, como as coisas irão parecer depois de tê-lo aplicado? Quanto do seu próprio conhecimento será incluído no que está aprendendo?

- **Previsão** – À medida que for lendo, preveja o que o autor vai dizer. No início de uma linha de argumentação, antecipe qual será o resultado. É o que faz com naturalidade quando lê um bom livro policial. Pode fazê-lo com a mesma eficiência quando lê livros que não sejam ficção. Preveja o que o autor vai dizer e confirme o seu palpite.

- **Interação** – Ler é uma atividade com dois sentidos. O

autor tem uma mensagem que o leitor pode aceitar, mas isso não significa necessariamente que tenha aprendido alguma coisa de novo. Interagir com o autor é a melhor forma de garantir que aprende e que é capaz de aplicar o que leu. Seja crítico, mas mantenha o espírito aberto sobre o que leu.

- **Solução** – Muitos livros não ficcionais são escritos como uma solução para um problema. Este livro, em particular, é sobre ler depressa. O problema é "como é que as pessoas podem aprender a ler fácil, rápida e eficientemente qualquer material que lhes chegue às mãos?" À medida que for lendo, tente responder à pergunta sem esperar que a resposta lhe seja revelada. Pare agora por um momento e interrogue-se:

– Com base no que aprendi até agora, o que posso fazer para ler mais depressa, de forma mais eficiente e mais fácil que ainda não tenha feito anteriormente?

– O que posso mudar na forma como penso e leio para tornar a leitura uma experiência agradável?

– O que há de bom na forma como leio agora?

– O que é ineficaz?

– Quais são os desafios que enfrento?

– Como posso resolver estes problemas com base no que aprendi até agora?

- **Avaliação** – Pare e faça um resumo do que aprendeu com cada capítulo. À medida que lê o livro, pense em como o que aprendeu em cada capítulo se encaixa no capítulo que acabou de ler. Quanto mais ligações conseguir criar entre capítulos e ideias, melhor será a sua compreensão e capacidade de memorizar a informação.

Resumo – O sistema dos cinco passos

Passo	Tempo necessário para ler um livro de 300 páginas
1 – Preparação	
• Defina por que está lendo o livro e o que pretende dele. • Qual seu objetivo? • Quando vai utilizar a informação?	ESTE PASSO NÃO DEVE DEMORAR 5 MINUTOS.
2 – Pré-visualização	
• Familiarize-se com a estrutura DO LIVRO. • Folheie o livro rapidamente: observe sua estrutura, parágrafos, capítulos, cartuns, gráficos e disposição geral.	DE 5 A 10 MINUTOS

Passo	Tempo necessário para ler um livro de 300 páginas
• Faça uma leitura superficial para encontrar as palavras-chave e familiarize-se com a linguagem. Estar familiarizado com a linguagem é determinante para definir a velocidade que você desenvolverá na leitura.	DE 10 A 15 MINUTOS.

4 – Leitura ativa	
• Para se familiarizar com o conteúdo do livro, leia o primeiro parágrafo de cada capítulo e a primeira frase de cada parágrafo (se necessário).	CERCA DE 30 MINUTOS.
5 – Leitura seletiva	
• Leia apenas o que precisa ler. • Pergunte sempre: - Por que estou lendo isto? - Quando vou utilizar esta informação? - Tenho o que preciso?	20 MINUTOS DE CADA VEZ.

2
Ler depressa

Neste capítulo você vai aprender:

- a melhorar sua velocidade de leitura
- o que é um marcador e como utilizá-lo
- como esquematizar e realizar uma leitura superficial
- como assimilar a mensagem
- o que atrasa e o que acelera a leitura

Aprender a ler depressa pode ser um desafio. Enquanto aprende esta versão melhorada do método de ler depressa, você vai sentir constantemente a interferência dos hábitos acumulados ao longo de uma vida, que dificultarão o processo de aprendizagem. Mas vai adquirir e consolidar novos hábitos. Embora essa aprendizagem exija alguma prática, será fácil e agradável.

Ler depressa não é só ler palavras mais rápido do que no passado. Está relacionado com o fato de o leitor ser capaz de ler a uma velocidade apropriada ao tipo de documento. Por exemplo, se ler demasiado devagar, sua mente tem tendência para divagar, você pode ficar entediado e acaba por não reter a informação. Se ler muito depressa, diminui a hipótese de vir a recordar o que pretende memorizar, fica frustrado e tenso, o que dificulta ainda mais a memorização do que quer que seja.

Quanto mais flexível você for em relação à sua leitura, mais rápida será e também será maior a quantidade de informação retida. Se você pretende aumentar sua velocidade de leitura, bem como a compreensão, então é importante que leia com frequência. Quanto mais ler, melhor será a sua capacidade de reconhecer quando pode ler mais depressa e quando deve abrandar.

Fatores que contribuem para a velocidade:

- **Definição do objetivo** – O Passo 1 do sistema dos cinco passos é a preparação. Tenha sempre presente o motivo pelo qual está lendo algo. Quanto mais claro for o seu objetivo, mais depressa será capaz de ler.
- **Estado de espírito** – Se você se sente cansado, inquieto, impaciente ou irritado, será difícil que leia tão depressa como quando está desperto, repousado, relaxado e feliz. No entanto, poderá ocorrer o caso em que você não esteja desperto, repousado, feliz e relaxado sempre que tenha alguma coisa para ler. Nem sempre é fácil aprender a reconhecer e a gerir os seus sentimentos, para que se consiga concentrar, independentemente de como se sente num dado momento. No Capítulo 4 estão alguns conselhos que talvez possam ajudá-lo.
- **Familiaridade com a terminologia relacionada com o tema** – Se você já conhece o tema, tem uma estrutura a partir da qual pode trabalhar. Não terá de parar para pensar no significado de certos termos e conceitos e é muito provável que seja capaz de ler muito mais depressa.

- **Dificuldade do texto** – Alguns livros são difíceis de ler, mesmo quando já se conhece o tema e se está familiarizado com a terminologia e com o conteúdo.
- **Urgência e níveis de estresse** – Você já reparou que, sempre que tem algo absolutamente urgente para ler, não consegue ler tão depressa?

O estresse faz com que você se atrase! Nos capítulos sobre concentração e memória (capítulos 4 e 5) abordaremos a questão do estresse de forma mais detalhada e sugeriremos as melhores maneiras de reduzi-lo.

> **Casos verdadeiros**
> Durante um exercício, em uma aula sobre como ler depressa, um dos alunos pousou subitamente o livro, reclinou-se e cruzou os braços, aborrecido. Perguntei-lhe o que se passava. Ele resmungou, olhou para o sujeito sentado ao seu lado e disse: "Ele está lendo mais depressa do que eu". E durante o resto da sessão esse aluno se sentou no fundo da sala e ficou lendo um jornal.
> Ler depressa é uma prática muito pessoal. Cada um lê com diferentes níveis de conhecimento e experiência. Mesmo quando você estiver aprendendo em conjunto com outras pessoas, elas provavelmente irão aprender em um ritmo diferente. Evite comparar as suas competências com as dos outros.

Fatores que influenciam a aprendizagem de como ler depressa:

- Uma boa atitude perante a leitura. O desejo de aprender a melhorar a sua leitura e ter em consideração o que tem a ganhar quando lê depressa.

- Familiaridade com a linguagem relacionada com o tema e um bom vocabulário.
- Uma base de conhecimentos sólida sobre o tema ou, na falta dela, uma estratégia para a sua rápida aquisição.
- Prática. Se puder dispensar 15 minutos por dia, durante 30 dias, verificará que a velocidade em que consegue ler, a memorização, a compreensão e a flexibilidade da sua leitura irão aumentar rapidamente.

Há muitas formas de reter informação em diferentes velocidades. Ler todas as palavras de um livro ou artigo só se torna necessário se tiver uma razão específica para ler tudo, do princípio ao fim. Antes de decidir se precisa fazê-lo, precisa saber que tipo de informação está em causa no material de leitura. Depois de percorrer os passos de 1 a 4 do Capítulo 1 (Preparação, Pré-visualização, Leitura passiva e Leitura ativa), você estará preparado para selecionar o que quer ler mais profundamente. Agora é a hora de ler depressa.

Onde você está neste momento?

Antes de melhorar, você precisa saber qual é o seu ponto de partida. Isso irá ajudá-lo a definir os requisitos necessários para alcançar seu objetivo. Uma forma de consegui-lo é colocar a si próprio as três questões que se seguem:

- Onde estou neste momento?
- Aonde quero chegar?
- Como vou saber se atingi o que pretendia?

Colocando as mesmas perguntas de outra forma:

- Em que velocidade leio hoje?
- Em que velocidade quero ler?
- Como posso saber se já alcancei meu objetivo?

Não é fácil determinar com exatidão qual a sua velocidade de leitura. Tudo o que se lê é diferente. Cada texto está escrito em vários graus de complexidade e cada leitor irá ler cada um deles com um objetivo diferente. Para determinar a velocidade média de leitura, você precisa ler mais do que um tipo de texto.

Para este exercício, junte seis tipos diferentes de material. Os exemplos devem variar em complexidade, mas todos deverão versar sobre temas que lhe sejam familiares. Se não tiver material apropriado à mão, mas quiser ter uma estimativa da sua velocidade de leitura, repare que incluímos no Capítulo 11 um texto adequado, com o propósito de testar a sua velocidade de leitura. É um excerto do livro *The energy advantage,* da dra. Chris Fenn.

Medir a sua velocidade de leitura

Leia os procedimentos antes de iniciar a avaliação da sua velocidade:

1. Junte todo o seu material de leitura ou avance para o Capítulo 11.

2. Marque dois minutos num cronômetro (embora esteja treinando, a sua velocidade em termos de palavras por minuto necessitará de tempo para aquecer; um minuto não é suficiente, mas dois minutos já serão).

3. Depois, leia normalmente como costuma fazer. Leia de forma a obter uma boa compreensão durante dois minutos.

4. Quando o cronômetro parar:

– conte o número de palavras em três linhas do texto;

– divida o número total por três;

– conte o número de linhas que leu;

– multiplique o número de linhas pelo número médio de palavras em cada linha.

Exemplo: Número de palavras no total das três linhas = 30
Divisão por três para obter a média de palavras por linha = 10
Se leu 50 linhas (50 x 10) = 500 palavras

5. Divida esse valor por dois (lembre-se de que procuramos calcular a velocidade de leitura em palavras por minuto; se você leu durante dois minutos, terá de dividir o número calculado anteriormente por dois). Exemplo: divisão por dois do número final (500 ÷ 2) = 250 palavras

6. Esse número é a sua velocidade média de leitura desse texto.

7. Se escolheu o seu próprio material de leitura, repita o procedimento acima descrito para cada um dos textos que selecionou, para apurar a velocidade em número de palavras por minuto (PPM) para cada um deles.

8. Adicione todas as PPM e divida o resultado por 6. Isso lhe dará uma ideia da sua atual velocidade de leitura para determinado conjunto de documentos diferentes.

9. Marque a sua velocidade de leitura na tabela apresentada no final do capítulo.

10. Por fim, teste a sua compreensão. Se leu o exemplo que sugerimos, responda às questões solicitadas. Se utilizou o próprio material, use alguns minutos para relembrar o máximo sobre cada texto. Verifique a informação nos excertos que leu.

Não se esqueça de anotar a data e, mais importante, a hora em que realizou a leitura. Certas horas do dia são mais propícias à leitura do que outras. Depois de registrar o seu progresso durante uma semana, você poderá detectar um padrão. Se possível, leia documentos que exijam concentração máxima no período do dia que tenha identificado como sendo o mais produtivo.

Ao fazer o mapa da sua velocidade de leitura, você terá um indicador do seu progresso. Se sua velocidade de leitura diminuir em determinada altura, a tabela irá dizer-lhe em que momento do dia está lendo de forma mais eficiente.

Pare agora de ler este livro e determine a sua velocidade de leitura, utilizando para isso seis textos, à sua escolha, do Capítulo 11.

Exercício:
Se você leu o excerto do livro *The energy advantage,* pode fazer um teste de comparação. Quando terminar a leitura e tiver respondido a todas as questões, leia as que não soube ou não conseguiu responder e volte a ler o texto. Desta vez o objetivo da leitura é descobrir as respostas às questões em aberto. Não se esqueça de cronometrar.

Uma vez concluído, considere as seguintes questões:

- Que estratégia usou?
- Procurou palavras-chave?
- Leu mais do que era necessário para cada resposta?
- Ficou satisfeito por ter encontrado a resposta completa antes de avançar?
- Progrediu mais depressa no texto na segunda leitura em comparação com a primeira?
- A leitura tornou-se mais fácil quando tinha um objetivo claramente definido ou você percebeu que se sentia tentado a ler mais do que o necessário?

Aumentar a sua velocidade-base de leitura

Dois dos principais motivos para que tenhamos tendência para ler mais devagar são:

- Lermos com os ouvidos em vez de lermos com os olhos (mais sobre este tema no Capítulo 7).
- Sermos facilmente distraídos com o que está impresso na página e com o que se passa à nossa volta.

O marcador

Uma ferramenta simples que vai ajudar a eliminar muito dos seus problemas em ler depressa é o marcador. O marcador pode ser o seu dedo, um pauzinho, um lápis ou uma caneta – qualquer coisa que possa ajudá-lo a concentrar sua atenção nas palavras impressas ao movê-lo enquanto lê.

O marcador ajuda a eliminar a maioria das distrações e envolve um sentido extra no processo de leitura. A utilização de um marcador acrescenta uma dimensão física, sinestésica, à leitura. Você estará de fato fazendo algo mais do que a simples leitura. Estará também envolvendo as suas mãos.

A utilização de um marcador ajudará a leitura de diversas formas:

- Estimula os seus olhos a se concentrarem em mais do que uma palavra de cada vez – isto aumenta imediatamente a sua velocidade de leitura.
- O marcador o concentra no que está lendo, evitando que os seus olhos se dispersem pela página, atraídos por algo que capte sua atenção.

Uma experiência

Esta é uma experiência que você pode e deve fazer. Encontre alguém que se disponha a participar. Peça-lhe que desenhe um círculo no ar utilizando o olhar. Preste atenção ao movimento dos olhos. São suaves ou bruscos? Desenham um círculo perfeito ou dão a impressão de cortar as curvas? Em seguida, peça-lhe que desenhe o círculo no ar com o próprio dedo. E, dessa vez, peça que ele siga o movimento do dedo com o olhar. Repare nos olhos. Você notou que, dessa vez, os olhos se moveram suave, rápida e deliberadamente?

Um marcador também irá ajudá-lo a:

- Passar para cada nova linha de texto suave e facilmente.
- Evitar que se perca no texto.
- Evitar a subvocalização (a voz na sua cabeça que provém do fato de ler com os olhos), acelerando o ritmo da leitura e permitindo que veja mais do que uma palavra de cada vez.

Como utilizar um marcador

Coloque seu marcador na primeira palavra da linha, faça-o deslizar suavemente pela página até o final da linha e depois coloque-o na linha seguinte.

Use seu marcador para ler o parágrafo no boxe desta página. Coloque o marcador sobre a linha tracejada e faça-o deslizar lentamente sobre ela ao longo da página. Releia o parágrafo várias vezes até sentir que adquiriu um ritmo suave e rápido – experimente também deslizar o marcador um pouco mais depressa do que aquilo que **pensa** que consegue ler.

O que notou de diferente na leitura com o marcador? Como se sentiu? Conseguiu ler mais depressa? E conseguiu entender o texto?

> É importante que o marcador deslize suave e firmemente pela página. Se o movimento do marcador for hesitante, os seus olhos é que estarão ditando o ritmo em que lê e, assim, sua velocidade de leitura não aumentará. Se o marcador deslizar suavemente, os seus olhos, com a prática, vão aprender a acompanhá-lo, e o seu cérebro aprenderá a absorver o significado de grupos de palavras de forma diferente.

Pratique com o parágrafo acima **pelo menos** dez vezes até se habituar ao ritmo.

Ainda está lendo com o seu marcador?

Use um marcador para ler o resto deste livro. Quando tiver acabado, o uso do marcador já se terá tornado um hábito e você estará no bom caminho para se tornar um especialista em ler depressa.

Diferentes tipos de marcador

O marcador que você está usando agora é um método básico para conduzir o seu olhar ao longo da página. Existem diferentes tipos de marcador para diferentes tipos de texto e de acordo com as necessidades do leitor.

Textos técnicos com os quais não está familiarizado. Coloque o marcador embaixo de cada linha e desloque-o firmemente ao longo da página, do princípio ao fim de cada linha. Esse método garante que nada lhe escapará.

Textos técnicos com os quais está familiarizado. Coloque o marcador sob cada duas linhas. Esse método o estimula a ler mais do que uma linha de cada vez.

Olhe para o espaço à sua frente. Repare que o seu campo de visão é muito amplo. Quando você aprendeu a ler, ensinaram-no a se concentrar apenas numa coisa de cada vez, em vez de o encorajarem a apreender o mais possível com um simples olhar.

Ler mais do que uma linha de cada vez virá com a prática. No Capítulo 7 exploramos a temática dos olhos e como funcionam. Encontrará nesse capítulo um exercício que vai ajudá-lo a ler mais do que uma linha de cada vez.

Material mais familiar. Se você está muito familiarizado com o material de leitura e se só necessita de uma ideia genérica sobre o que está lendo, pode deslizar o marcador ao longo da margem ou do meio da página.

Por fim, quanto mais experiente for, mais flexível se tornará a sua leitura e irá desenvolver a capacidade de mudar de uma técnica para outra à medida que avança na leitura.

Dicas para aumentar sua velocidade de leitura:

Seja exigente consigo – É fácil estagnar-se em um nível confortável de leitura mais lenta. Uma vez ultrapassada a barreira de acreditar que você só pode se lembrar do que leu se tiver ouvido cada palavra, seu divertimento e seu ritmo irão aumentar.

Pratique com frequência – Utilize tudo o que lê como um meio para praticar. Leia depressa os rótulos das garrafas ou o verso dos pacotes de cereais. Em vez de se limitar a ler como faz hoje, leia com o objetivo de praticar a leitura mais rápida possível dentro dos limites da compreensão. Use um marcador.

- **Comece por construir o contexto** – Os primeiros quatro passos do sistema dos cinco passos (Capítulo 1) tornam mais fácil ler depressa, independentemente do que esteja lendo, e fazê-lo mais rapidamente do que faria se estivesse lendo pela primeira vez.
- **Quanto mais depressa ler, menos irá vocalizar** – No próximo item, sobre filtragem, abordaremos a questão de como ganhar velocidade e como mantê-la. Pratique esses exercícios diariamente, até sentir que se tornaram parte integrante da sua estratégia de leitura.
- **Elimine ou diminua as distrações** – No Capítulo 8 abordaremos as distrações e algumas soluções para elas que lhe permitirão concentrar-se mais facilmente. Quanto mais conseguir se concentrar, mais depressa será capaz de ler.
- **Leia ativamente** – As técnicas utilizadas no Passo 4 (Leitura ativa) devem ser aplicadas na leitura rápida do Passo 5 (Leitura seletiva). Faça anotações, assinale e sublinhe as partes relevantes, escreva comentários sobre

aquilo que está lendo, construa mapas mentais e pense nos argumentos enquanto lê. Se tiver de falar mentalmente enquanto lê, escolha fazer um debate ou um diálogo com o autor sobre vários aspectos do tema. Quanto mais ler de forma ativa, melhor compreenderá e assimilará por mais tempo o que lê.

Pontos importantes a guardar sobre ler depressa
Ler depressa não é só ler mais rapidamente. O conteúdo técnico do texto, o tamanho do caractere impresso, o prévio conhecimento do tema e, em especial, o **objetivo** da sua leitura podem afetar a velocidade em que lê. A chave para ler mais depressa é ter a possibilidade de escolher a velocidade em que deseja ler, mais rápido ou mais lentamente.

Agora releia as instruções de medição da sua velocidade de leitura e siga-as para concretizar outra medição de velocidade. Use a técnica do marcador.

Leitura superficial e "dar uma olhada"

Nesta seção abordamos a leitura superficial e o "dar uma olhada"

- O que são e quais as diferenças entre estas duas abordagens?
- Quando devem ser utilizadas?

A diferença entre leitura superficial e "dar uma olhada" é que você **"dá uma olhada"** quando procura algo muito específico, por exemplo, um número de telefone ou a resposta a um determinado tema. Terminamos quando encontramos a informação pretendida. A **leitura superficial** é usada quando pretendemos obter uma ideia genérica sobre o conteúdo do documento. Podemos ler superficialmente um texto inteiro, se assim o pretendermos, mas dificilmente o faremos com uma lista telefônica quando procuramos um número em particular.

Faça esta experiência

No trecho abaixo você encontrará seis palavras japonesas – tem 45 segundos para encontrá-las:

"A história da leitura rápida remonta ao início do século XX, quando houve uma explosão do volume de material impresso. Isso resultou aiki no abandono da noção de leitura ociosa. Os leitores da época eram inundados com informação a um ritmo muito superior àquele que conseguiam ler.

"O primeiro desenvolvimento aconteceu na Força Aérea Britânica, acreditem ou não! Havia necessidade de treinar os pilotos na detecção de aviões inimigos, antes de entrarem em combate. Os treinos decorriam num equipamento boats chamado taquistoscópio. A máquina projetava uma imagem bugei de um avião por uma fração de segundo, e o tempo de que o piloto dispunha para o reconhecimento ia diminuindo progressivamente; os treinos descobriram que, após algum tempo, os pilotos eram capazes de reconhecer os aviões inimigos a distâncias progressivamente maiores e consideravelmente mais depressa do que no início.

"Esta tecnologia foi aplicada no estudo da leitura. Primeiro, era projetada uma única palavra no taquistoscópio, depois duas, depois eram projetadas três e quatro palavras row de cada vez. As velocidades de leitura aumentaram cerca de 400 palavras por minuto com a ajuda da máquina. A grande desvantagem do taquistoscópio era hyung não ser portátil. Assim, quando os indivíduos deixavam de praticar dasu, sua velocidade de leitura diminuía drasticamente.

"Após essas primeiras experiências, acreditou-se durante muito rent tempo que 400 PPM era a velocidade de leitura nekuru máxima possível. No entanto hoje sabemos que somos capazes de muito mais do que alguma vez pensamos – de fato, não fazemos ideia de qual a velocidade máxima possível de leitura, porque ainda não compreendemos as zuki infinitas capacidades do nosso cérebro."

- Você encontrou as seis palavras japonesas em 45 segundos?
- Encontrou também alguma palavra inglesa? (existem três no trecho)
- Encontrou alguma palavra que reconheceu como não sendo portuguesa, tampouco japonesa, e avançou sem a considerar, ou só procurou seis palavras em língua estrangeira?
- Encontrou algum sentido no texto?
- A palavra taquistoscópio chamou sua atenção?
- Reparou num erro factual no primeiro parágrafo?

Para sua informação
Palavras japonesas incluídas no texto: aiki, bugei, hyung, dasu, nekuru, zuki

Palavras inglesas incluídas no texto: boats, row, rent

O que acabou de fazer foi **"dar uma olhada"**. Como já foi explicado, essa técnica é utilizada na procura de uma informação específica para resposta a determinada questão ou na procura de um número de telefone numa lista telefônica. Você tem de saber exatamente o que procura. Se não domina o japonês ou o inglês, terá sido muito difícil determinar qual o idioma das palavras estrangeiras incluídas no texto.

A **leitura superficial** é usada com um objetivo diferente. Desta vez, leia o texto durante 45 segundos para descobrir o seu tema. Não leia palavra a palavra, leia superficialmente, apenas o suficiente para apreender o sentido.

Que tal você se saiu?

- Reparou nas nove palavras estrangeiras?
- Quanto do texto leu e quanto dele saltou?
- Sente que ficou com uma ideia geral sobre o tema abordado?
- O que mais descobriu?
- A palavra taquistoscópio chamou sua atenção?

A leitura superficial é utilizada no Passo 3 do sistema dos cinco passos (Leitura passiva). Usamos a leitura superficial quando sabemos o que procuramos e queremos ficar com uma ideia geral do conteúdo do documento.

Existem diferentes tipos de leitura superficial, dependendo do objetivo da leitura:

- **Leitura superficial panorâmica** – O objetivo deste método é obter uma ideia geral do tema. Aqui dá-se mais atenção à estrutura do que ao conteúdo. Este método é utilizado sobretudo no Passo 2 (Pré-visualização) do sistema dos cinco passos.

- **Leitura superficial de pré-visualização** – Este método é usado quando você sabe que vai reler o documento. O objetivo é reunir o máximo de informação-base sobre o tema sem gastar muito tempo com isso.
- **Leitura superficial de revisão** – Este método é usado quando você já leu o documento e seu objetivo é recordar seu conteúdo.

Leitura superficial bem-sucedida

A leitura superficial da informação é mais fácil quando sabemos qual sua provável localização na estrutura do documento que se está lendo. Quando você ler depressa, procure a informação-chave. Assim que tiver definido claramente o seu objetivo de leitura superficial e souber o que procura, será capaz de detectar palavras-chave que contêm a informação relevante.

- Quem?
- O quê?
- Onde?
- Por quê?
- Quando?
- Como?

As palavras seguintes precedem uma contradição ou argumentação contrária:

- Mas
- No entanto
- Contudo
- Ainda assim

- Por outro lado
- Destarte
- De outro modo

Exercício
Pratique a utilização destas palavras dando uma olhada em artigos de jornal ou revistas com o objetivo de encontrar as respostas às seis questões mencionadas acima e descobrir alguma contradição, tão rápido quanto possível.

A leitura rápida e a compreensão da mensagem

Quando você lê, converte a informação contida em grupos de palavras em ideias, imagens, pensamentos, sentimentos e ações. Um dos objetivos da leitura é compreender a mensagem contida nas palavras. Isso não quer dizer que tenha de ler todas as palavras.

Quando ler depressa – principalmente quando começar a ler mais que uma linha de cada vez –, a princípio você poderá ficar confuso porque as palavras lhe são apresentadas em uma ordem distinta da pretendida. Mas, se ler com os olhos, verá que esse fato não representa um problema, já que o cérebro descobre o sentido das frases independentemente da ordem das palavras.

O cérebro está sempre tentando interpretar o significado da informação que recebe. Quando a informação que você lê não está completa, seu cérebro irá preencher as falhas automaticamente e organizar a informação de forma a fazer sentido.

Comece a ler as frases seguintes em voz alta e tente captar o significado de cada uma delas:

- Nós 20 minutos em estaremos aí.
- Jantar hoje fora vamos.
- Leitura visual é devagar feita só a.

Olhe agora para o novo grupo de palavras abaixo e extraia o seu significado tão rápido quanto possível, olhando para cada frase como um todo e identificando as palavras-chave:

- Ler depressa tiver se você um objetivo é fácil.
- Esteve já férias de você neste ano?
- Melhorar é de o melhor meio praticar.

O que foi mais rápido? Ler com os ouvidos ou com os olhos?

Não precisa ter as palavras na ordem correta para compreender seu significado.

Assegure-se de que compreendeu a mensagem certa

E se você ler um texto usando todos os métodos que conhece de leitura superficial e de "dar uma olhada" e perceber que, afinal, lhe escapou uma palavra crucial que altera totalmente o sentido da passagem?

> Na frase seguinte:
> Um leitor rápido e eficaz nunca lê sem um suporte em que possa escrever, lê sempre com um objetivo e nunca lê todas as palavras.
>
> Se lhe escapar a palavra "nunca":
> Um leitor rápido e eficaz lê sem um suporte em que possa escrever, lê sempre com um objetivo e lê todas as palavras.

A frase faz sentido, mas a mensagem é o oposto do pretendido. Na prática, um objetivo claro e a utilização do sistema dos cinco passos irão ajudá-lo a compreender o significado.

Leitores bilíngues que leem depressa

Um desafio para os leitores bilíngues é conseguir ler depressa na nova língua antes de serem totalmente fluentes. Além disso, o texto que necessitam ler pode ser muito complexo.

Tive alguns alunos estrangeiros nas minhas aulas que conseguiam ler fluentemente na segunda língua mas que se sentiam altamente frustrados por serem incapazes de, nessa língua, ler tão rapidamente como na sua língua materna. Falar na segunda língua é diferente de ler nessa mesma língua. Quando se fala, pode-se escolher as palavras que utiliza, o que não é possível quando se lê um documento.

Ler depressa numa segunda língua apresenta um conjunto de desafios. O primeiro é o vocabulário. Outro aspecto que atrasa a leitura numa segunda língua é o fato de simultaneamente fazer a tradução para a língua materna. Enquanto proceder dessa forma, você nunca conseguirá mais velocidade ao ler.

Algumas coisas que você pode fazer para começar a aumentar sua velocidade de leitura numa língua estrangeira:

- Aprenda a raiz das palavras, os sufixos e os prefixos da nova língua.
- Pratique as técnicas para ler depressa em livros muito simples.
- Selecione alguns livros infantis e leia-os utilizando as técnicas de ler depressa que está desenvolvendo agora.
- Evite mudar de nível até se sentir confortável com a velocidade com que está lendo e certifique-se de que

compreende o que lê sem ter de recorrer à tradução para sua língua materna. Quando conseguir, estará pronto para textos mais complexos.

- Para praticar, aplique o sistema dos cinco passos em todos os livros, mesmo romances. Isso irá permitir-lhe ter uma visão abrangente sobre tudo que está lendo e facilitará a compreensão.
- Leia tantos romances quantos possível. O enredo terá muitas vezes a capacidade de fazê-lo abstrair-se da complexidade da linguagem.
- Comece com o objetivo de tirar prazer do processo de aprendizagem. A frustração irá provocar estresse e prejudicar o seu ritmo.

Exercícios para aumentar a velocidade e flexibilidade da leitura

Para os próximos exercícios, utilize livros que tenha vontade de ler. Mesmo que os livros abordem temas que não lhe são familiares, certifique-se de que são áreas que lhe interessam.

Quando se sentir à vontade nos diversos exercícios, passe para textos cuja leitura não seja tanto do seu agrado. Pode incluir textos que tenha de ler por causa do seu trabalho ou dos estudos, que não despertem tanto o seu interesse. Enquanto pratica com eles, certifique-se de que estabelece limites de tempo rigorosos. Se não o fizer, irá ficar entediado e terá tendência para querer passar para outra coisa qualquer.

Encare estes exercícios como jogos e desafios. Não demore mais que dez minutos a cada vez, a não ser que você queira mesmo fazê-los até o fim.

Alongamentos de aquecimento

Este é um exercício rápido de preparação com a duração de cinco minutos:

- Leia durante **um minuto** para conseguir um bom entendimento do texto.
- Coloque uma marca no ponto aonde chegou.
- Acrescente meia página ao que já leu e coloque nova marca.
- Volte ao início e leia (com boa compreensão) até a segunda marca em **um minuto.**
- **Certifique-se de que chegou à segunda marca.**
- Quando se sentir confortável em ler em apenas um minuto até a segunda marca, volte a marcar o final de mais meia página e releia desde o início até a terceira marca **num minuto.**
- Acrescente mais meia página. Leia até a quarta marca **num minuto.**
- Acrescente mais meia página. Leia até a quinta marca **num minuto.**
- Se a essa altura perceber que "não está lendo", lembre-se de que esse é o objetivo deste exercício. Certifique-se de que olha para cada palavra o tempo suficiente para reconhecer que se trata de uma palavra em português. Este exercício vai ajudá-lo a se habituar a ver/reconhecer mais que uma palavra de cada vez.

Aumentar a velocidade e a compreensão

Este rápido exercício irá permitir-lhe melhorar a memória e aumentar a velocidade:

1. Usando o marcador, leia uma página tão depressa quanto possível.

2. Pare e anote tudo aquilo que conseguir lembrar-se do que leu.

3. Leia cinco páginas dessa forma todos os dias. Aumente gradualmente o número de páginas que lê antes de parar para lembrar o que leu.

4. Comece com um tema que lhe seja familiar e depois – à medida que notar que a sua capacidade, confiança e à-vontade vão aumentando – passe para textos mais exigentes.

Para textos mais exigentes:

5. Leia durante um minuto e conte quantas linhas leu.

6. Leia durante mais um minuto, lendo duas linhas a mais que da primeira vez.

7. No minuto seguinte, leia quatro linhas a mais do que da vez anterior e depois mais seis, mais oito e mais dez.

8. Leia sempre de modo a ter uma **boa compreensão e memorização.** Assim que sentir que não está compreendendo o que lê ou não se lembrando do texto, estabilize a leitura em um ritmo que lhe seja confortável e depois acelere gradualmente.

Ler depressa requer concentração. Se você não compreende ou não retém o que está lendo, poderá perceber que é difícil concentrar-se porque começa a ficar desapontado e talvez entediado.

À medida que sua concentração for melhorando, seja mais exigente consigo mesmo e alongue os períodos de um para dois minutos, depois para quatro, seis, oito e assim sucessivamente.

Procurar as frases-chave

Esta técnica é recomendada para partes do texto com as quais já está suficientemente familiarizado e quer apenas assegurar-se de que nada lhe escapou.

- Leia a **primeira** frase do parágrafo.
- Faça uma leitura superficial do resto do parágrafo em busca de palavras-chave e, se necessário, leia a última frase do parágrafo.

Aumentar a flexibilidade da velocidade de leitura

Para aumentar a sua flexibilidade:

- Selecione um texto cujo tema lhe seja familiar.
- Comece por ler devagar, quase palavra por palavra.
- Assim que terminar o primeiro parágrafo, aumente a velocidade de leitura até estar lendo tão depressa quanto possível para uma boa compreensão.
- Quando achar que está lendo depressa demais para conseguir compreender, abrande um pouco.
- Comece então a treinar a leitura flexível. Para fazê-lo, leia a primeira frase do parágrafo relativamente devagar e acelere à medida que avança no parágrafo, abrandando apenas nas seções com as quais não esteja familiarizado.
- Depois de ler um livro cujo tema lhe seja familiar, passe para outro cujo tema desconheça e recomece o processo.
- Compare as duas experiências. O que você achou? Considerou muito mais fácil a leitura do livro cujo conteúdo lhe era familiar? A velocidade de leitura do livro cujo tema era desconhecido foi aumentando à medida que você foi percebendo que era mais fácil ou mais desafiante de ler?

Exercício:

Os romances são uma boa base de treino e uma boa prática para desenvolver a flexibilidade do marcador. No início do romance você pode colocar o marcador embaixo de cada linha; à medida que vai entrando no enredo, pode colocar o marcador sob cada duas linhas. Quando a ação se intensifica e começa a procurar os trechos interessantes entre as partes descritivas, você perceberá que avança o marcador de meia em meia página, até alcançar as seções que relatam a ação que faz a história avançar. O prazer que tira do livro não é de forma alguma diminuído; de fato, poderá constatar que termina a leitura de mais obras do que até então.

Marcação com metrônomo

Você pode adquirir um pequeno metrônomo eletrônico (o ideal é um cujo tique-taque não seja muito ruidoso) em qualquer loja de música por um preço baixo. Será um bom investimento.

Pratique o exercício seguinte durante dois minutos e depois descanse cinco minutos:

1. Selecione a velocidade mais baixa do metrônomo e leia uma linha por "tique".

2. A cada página, ou meia página, aumente o compasso do metrônomo em um "tique", ou mais, se se sentir confortável para tal.

3. Depois descanse.

4. Repita o procedimento descrito até atingir a velocidade máxima do metrônomo.

O metrônomo alcançará tal velocidade que acabará por você não ser capaz de ler todas as palavras. Esse exercício desafia sua visão e seu cérebro a ver e a absorver mais que uma palavra de cada vez e, gradualmente, aumenta as suas capacidades. Se você dirigir a 120 km/h numa autoestrada e, ao se aproximar de uma localidade, tiver subitamente de reduzir para 50 km/h, poderá pensar que é essa a velocidade a que se desloca, até que a polícia o mande parar e o informe que conduza a 70 ou 80 km/h – muito mais rápido do que imaginava. A semelhança entre dirigir e ler depressa não fica por aqui. Quando se desloca a 120 km/h, você tem de se concentrar e não tem tempo para olhar para a paisagem. Quando aplica a leitura rápida, você lê tão depressa que sua mente não tende a dispersar-se tanto quanto a 50 km/h.

Tabela de velocidade de leitura

Velocidade de leitura																					
1101-1200																					
1001-1100																					
901 - 1000																					
801 - 900																					
701 - 800																					
601 - 700																					

501- 600																					
401 - 500																					
351 - 400																					
301 - 350																					
251 - 300																					
201 - 250																					
150 - 200																					
Data/hora																					

Além de fornecer informação sobre os seus progressos em ler depressa, a tabela de velocidade de leitura irá ajudá-lo a manter-se motivado. Anote tanta informação quanto considere relevante. Meça a sua velocidade de leitura durante toda a duração do programa de 21 dias (ver Capítulo 12, "E a seguir?").

- Na linha do fundo, coloque a data e a hora da medição.
- Cada vez que medir quantas palavras por minuto consegue ler, coloque uma marca no quadrinho apropriado. Acrescente comentários e opiniões sobre o seu processo num caderno de apontamentos especialmente preparado para o acompanhamento do desenvolvimento da sua leitura.
- Quando sua velocidade de leitura ultrapassar 1200, insira os seus próprios valores nos espaços vazios acima da linha 1101 - 1200.
- Faça as medições em diferentes momentos do dia e sob diferentes condições (sejam de humor, sejam de urgência etc.).

Resumo

O que o atrasa?

A seguir apresentamos exemplos de "bloqueadores de velocidade", juntamente com sugestões para ultrapassá-los.

- **Subvocalização** (ler com os ouvidos) é usar a voz dentro da sua cabeça. Quanto mais depressa se obrigar a ler, menor será a tendência para subvocalizar.
- **Vocalizar** – Se os seus lábios se movem enquanto lê, é porque está vocalizando o texto, literalmente falando em silêncio para si próprio. Isso atrasa ainda mais do que subvocalizar; você estará limitado não só pelo ritmo em que consegue falar mas também pela velocidade em que consegue mover os lábios sem emitir som.
- **Hábito** – A maioria dos hábitos está abaixo do nível de autoconsciência (não se tem consciência deles). Tornam-se mais fáceis de retificar assim que você se apercebe da sua existência. Para extinguir a vocalização, leia com uma colher entre os dentes e rapidamente deixará de tentar mover os lábios enquanto lê. Não permita que as crianças o façam, já que pode ser perigoso.

O que o acelera?

- Aumente a concentração bloqueando o ruído ou as interferências (mais sobre o tema no Capítulo 8, "Distrações e soluções").
- Concentre-se na tarefa usando mais que um sentido, lendo ativamente (mais sobre o tema no Capítulo 5, "Memória").
- Force sua velocidade de leitura para além do que pensa ser capaz (use um marcador).

- Tenha um dicionário à mão para poder procurar palavras que desconheça antes de iniciar a leitura rápida (sobre técnicas para aumentar o vocabulário, ver Capítulo 3, "Está tudo nas palavras").

Você não precisa ler as palavras na ordem certa para "apanhar a ideia", mas tem de se certificar de que é capaz de reter as palavras importantes para perceber a mensagem do autor.

Aprender a ler depressa numa segunda língua é fácil, apenas um pouco mais demorado. Agora que melhorou a sua velocidade-base de leitura rápida, é hora de considerar outras formas de aumentar a sua velocidade de leitura. O conselho do próximo capítulo é especialmente útil se a sua segunda língua for o inglês ou se pretender melhorar o seu vocabulário.

3
Está tudo nas palavras – desenvolver o seu vocabulário

Neste capítulo você vai aprender:

- os diferentes tipos de vocabulário
- como aumentar o seu vocabulário
- como são formadas as palavras
- como lidar com vocabulário especializado

Por que ampliar o vocabulário aumenta a rapidez da sua leitura

Quanto mais amplo for o seu vocabulário, mais depressa você será capaz de ler. Hesitar diante de palavras que lhe são pouco familiares o fará parar e tentar entender o significado de todo o trecho e não só da palavra desconhecida. Isso é um desperdício de tempo. Várias perguntas podem surgir quando você depara com uma palavra que não compreende. O que essa palavra quer dizer? Muda o contexto? É importante para a minha compreensão do texto? Estas são algumas das questões que surgem... o problema é que, quando tiver encontrado uma resposta para elas, poderá ter-se esquecido do que esteve lendo. Torna-se um verdadeiro desperdício de tempo se tiver de voltar ao começo do trecho e recomeçar.

O leitor tem três níveis diferentes de conhecimento de vocabulário à sua disposição: seu vocabulário **falado** (geralmente o mais limitado dos três), seu vocabulário **escrito** e o vocabulário **reconhecido** (o mais vasto dos três). A maior parte usa entre 2 mil e 12 mil palavras num discurso. O vocabulário escrito é mais amplo que o falado porque você tem mais tempo para pensar no que quer dizer, pode rever o que escreveu e editar o seu texto até estar satisfeito. No caso do vocabulário escrito, a maior parte das pessoas escreve de 2 mil a 25 mil palavras diferentes ao longo da vida. De longe, o conjunto mais vasto de vocabulário que você tem a seu dispor é o seu vocabulário reconhecido. Essas são as palavras que reconhece dentro de um contexto mas que normalmente não utiliza. As palavras que reconhece são, por vezes, difíceis de definir claramente. Você tem a sensação de que sabe o que a palavra significa no contexto do que leu ou ouviu mas não consegue defini-la com clareza.

Seu vocabulário reconhecido é também designado por vocabulário "passivo" – conhece as palavras mas não as utiliza. O vocabulário escrito e falado é o seu vocabulário "ativo".

O objetivo deste capítulo é converter o seu vocabulário passivo em ativo. A finalidade do exercício não deve ser aprender as palavras mais obscuras da língua, de modo que iluda ou aborreça os seus amigos e a audiência que o ouve. Em vez disso, deve ser aprender a linguagem que o irá ajudar a exprimir suas ideias e a compreender os outros de forma clara e precisa.

Como ampliar o seu vocabulário

Há várias formas de ampliar o seu vocabulário. Você deve abordá-las gradualmente em vez de decidir que quer aprender mil novas palavras em um dia e fechar-se num quarto até conseguir. A não ser que essa seja a forma como aprende melhor (e tenha tempo e a genuína inclinação para fazê-lo), há outras estratégias, mais úteis, para ampliar o seu vocabulário.

Uma das melhores maneiras de desenvolver o vocabulário pode ser dividir o exercício em partes de 30 minutos. Escolher no dicionário cinco palavras por dia poderá não dar resultado para todo mundo. Seguem-se algumas formas diferentes de aumentar o seu vocabulário. Sua escolha será determinada pelo modo como gosta de reunir informação:

- Se gosta de ler muito (e tem tempo), então leia livros com linguagem complexa. Utilize um dicionário ao longo da leitura, mas antes de procurar o significado de uma palavra que lhe é desconhecida tente perceber por si mesmo o que ela quer dizer. Dessa forma, você vai aprendendo a língua à medida que avança. Anote as novas palavras que vai aprendendo.
- Se ler não é a sua atividade favorita, mas comunicar-se e falar com os outros é, então tente conhecer quem possui um bom vocabulário e converse com ele ou ela. Você pode aprender muito com uma conversa. Se ouvir uma palavra que não compreende mas não quer perguntar seu significado a quem a disse, então tome nota para procurar mais tarde o que quer dizer. Vale a pena salientar que muitos utilizam uma palavra porque sabem que esta se encaixa no contexto, mas não sabem realmente o que a palavra significa. Se ouvir uma palavra estranha, pense duas vezes antes de perguntar qual é

a sua definição: o orador poderá sentir-se incomodado se não souber exatamente qual o seu significado.

- Uma terceira forma de aumentar o seu vocabulário é utilizar uma nova linguagem. Escolha uma palavra por dia e utilize-a sempre que for apropriado. Procure não deixar óbvio que está experimentando uma nova palavra ao utilizá-la em todas as frases, a não ser que esteja num ambiente onde se sinta relaxado e possa brincar com as palavras.
- Uma boa forma de aumentar o conhecimento ativo da linguagem é carregar consigo um caderno para anotar vocabulário novo. Sempre que ouvir ou ler uma palavra que não compreende ou que não lhe é familiar, anote-a, o que imagina que significa e o contexto no qual a ouviu ou leu. Depois, quando tiver oportunidade, procure a palavra para verificar se sua suposição estava correta. Esse é um exercício especialmente indicado para transformar o vocabulário passivo em ativo: encoraja-o a pensar na definição de uma palavra cujo significado julga saber.
- Relaxe à medida que aprende. Se não acertar uma palavra, não se preocupe. Quanto mais praticar, ler e utilizar a nova linguagem nas conversas, melhor será o seu vocabulário.
- Use a sua imaginação enquanto aprende a nova linguagem. Imagine-se usando uma nova palavra e pense na resposta que poderia esperar se a utilizasse incorretamente. Imagine o que a palavra poderia significar tendo por base o seu conhecimento de outras palavras. Imagine o

que a palavra poderia significar se lhe pudesse dar qualquer definição a seu gosto. Passe algum tempo brincando com a linguagem.

A fonte de tudo – raízes, sufixos e prefixos

Uma das maneiras mais fáceis de aprender mais palavras, tornar-se capaz de reconhecer novos vocábulos e determinar o seu significado é aprender como se formam as palavras.

Você sabia?
Um quarto das palavras inglesas vem diretamente de outras línguas. Isso explica o grafismo diverso de muitas palavras. No entanto, muitas das palavras inglesas têm sua origem no latim ou no grego. As raízes (ou palavra primitiva), sufixos e prefixos que formam a base da língua são quase todos latinos ou gregos. É muito mais fácil aprender uma nova palavra se conhecer as raízes do vocábulo. Eis um fato que você pode não saber: 22 raízes e 13 prefixos encontram-se em 100 mil palavras num dicionário completo. Isso significa que, se souber 22 palavras primitivas e 13 prefixos, poderá ser capaz de descobrir o significado de mais de 100 mil palavras.

Para começar, no quadro que se segue encontram-se 12 prefixos, sua definição e algumas palavras formadas a partir daí. Vai reparar que é possível utilizar determinada raiz, prefixo ou sufixo em várias palavras. Se você conhecer as raízes, descobrir o resto do significado pode ser fácil. No Capítulo 11 há uma grande relação de raízes, sufixos e prefixos.

PREFIXOS DE ORIGEM LATINA	DEFINIÇÃO	VOCÁBULO
circum-	movimento circular	circum-navegação, circumpolar
dis- (di-)	movimentos em vários sentidos, ideia contrária	dispor, dimanar, difundir, disforme
ex- (es-, e-)	movimento de dentro para fora, supressão	espalmar, emigrante, expulsar, esfolhar, exalar, expor
ob- (o-)	oposição	opor, obstar
pro- (pró-)	movimento para diante, substituição, a favor de	propor, prosseguir, pronome, procônsul, pró-associação
re-	movimento em sentido contrário, intensidade, repetição	reenviar, remeter, revelho, requeimado, rebaixar, renascer, readmissão, reler
ultra-	movimento para além de	ultramar, ultrapassar
vice- (vis-, vizo-)	substituição	visconde, vice-rei (vizo-rei)

PREFIXOS DE ORIGEM GREGA		
a- (an-)	privação, negação	atípico, analfabeto, amoral
anti-	oposição	antiaéreo, anti-higiênico, anticonstitucional

PREFIXOS DE ORIGEM GREGA		
arqui (arque-, arci-, arce-, arc-)	superioridade	arquidiocesano, arcipreste, arquétipo, arcanjo
eu- (ev-)	ideia de bem, excelência	eufonia, evangelho
hiper-	posição superior, excesso	hipertensão, hipersensível
sin- (sim-, si-)	união, simultaneidade, junção	sincrônico, sinfonia, sincretismo

Traga com você a lista de prefixos, sufixos e palavras primitivas durante algumas semanas – se preferir, faça uma cópia da lista. Em vez de procurar uma palavra desconhecida no dicionário, tente utilizar o seu conhecimento de prefixos, sufixos e raízes para decifrar o significado.

> No Passo 3 (Leitura passiva) e no Passo 4 (Leitura ativa) do sistema dos cinco passos, procure palavras desconhecidas como parte do exercício de leitura superficial; depois procure o seu significado antes de iniciar o Passo 5 (Leitura seletiva).

Vocabulário especializado

O desenvolvimento da compreensão de vocabulário especializado tem de ser feito de forma diferente da utilizada para os vocábulos normais. Em geral, as palavras que você não compreende no texto fazem sentido no contexto da frase. Normalmente, você pode continuar a ler sem saber exatamente o que o termo significa; vai compreender o sentido da frase ou do parágrafo. No entanto, não compreender linguagem técnica pode tornar impossível entender o texto, especialmente se todo o artigo girar em torno dessa mesma palavra.

Quanto mais familiarizado estiver com o texto técnico, mais depressa você será capaz de ler. Familiarizar-se com o texto poderá levar algum tempo, dependendo do nível de conhecimento que já tem. Se seguir alguns passos simples, o processo de aprendizagem pode tornar-se muito mais fácil.

- Durante o Passo 3 (Leitura passiva), sublinhe todas as palavras que não compreende, especialmente se aparentarem fazer parte de um vocabulário especializado.
- Se lhe for permitido, copie o glossário do livro (se houver um). Se não houver, use um bom dicionário técnico (a maior parte das áreas tem um). Se o dicionário lhe pertencer, pode sublinhar cada palavra em que teve dificuldade. Como alternativa, pode escrever a palavra num caderno à parte ou colocar marcas nas páginas, de modo que possa voltar a elas e encontrar rapidamente a definição (você deve certamente optar por essa abordagem se o dicionário não for seu).
- Uma vez familiarizado com o vocabulário, pare um pouco para pensar como cada palavra se encaixa nas ideias que tem sobre o assunto. Pense de que outras formas poderia utilizar o vocábulo. Preste atenção à construção da palavra. A raiz, o sufixo ou o prefixo dão uma ideia de qual poderá ser o significado? Em qual outro contexto poderá encontrar a palavra?
- Se tiver tempo, procure a palavra técnica num dicionário comum. Você poderá se surpreender com as diferenças de significado e interpretação em relação ao dicionário

técnico. Siga esse procedimento especialmente se não compreendeu a definição no dicionário especializado. Muitas vezes o dicionário técnico pressupõe certo nível de conhecimento, e as definições podem não estar completas. Um dicionário comum pressupõe um conhecimento mínimo do assunto, portanto, se a palavra consta desse dicionário, a definição poderá ser mais útil. As enciclopédias são boas porque muitas vezes têm imagens para ilustrar a definição. Você pode explorar e divertir-se com elas.

- Você consegue encontrar uma imagem que ilustre a palavra? Em caso afirmativo, lembrar-se da definição será mais fácil.
- Quanto mais ler sobre o assunto, mais familiarizado ficará com a linguagem desse tema.

Se isso não funcionar...

...e ainda tiver problemas com a linguagem técnica, participe do máximo de palestras e conferências sobre o assunto. Fale com especialistas sobre o tema e, em vez de apenas lhes perguntar o que uma palavra significa (o mais provável é obter uma definição semelhante à do dicionário), pergunte como a palavra se encaixa no tema como um todo.

Resumo

1. Preste atenção a novas palavras.

2. Arranje um pequeno caderno de apontamentos para anotar novos termos (e seu significado) com que depare nas suas leituras ou conversas.

3. Utilize o seu novo vocabulário.

4. Familiarize-se com as raízes das palavras; se você compreender a raiz, poderá perceber o significado de muitas palavras. Muitos dos bons dicionários revelam as origens.

4
Concentração

Neste capítulo você vai aprender:

- a importância da concentração
- os diferentes tipos de concentração
- dicas para melhorar a sua concentração
- exercícios para aumentar a concentração

A importância da concentração

> A primeira regra para conquistar conhecimento: prestar atenção.

Sem concentração não é possível memorizar. No Capítulo 8, "Distrações e soluções", serão alinhadas algumas ideias sobre como você pode fazer para se concentrar e como evitar distrações que perturbem sua concentração.

Não conseguimos nos concentrar facilmente por duas razões:

1. Nós nos distraímos com facilidade.
2. Há muitas coisas que podem nos distrair.

Melhorar a concentração não é fácil. Nem sempre temos tempo ou vontade de meditar ou praticar concentração absoluta durante várias horas todos os dias.

Felizmente, há outras formas de melhorar a nossa capacidade de concentração.

Atenção focalizada

A atenção tem algumas propriedades específicas:

- É **dinâmica.** Tente concentrar-se apenas numa única coisa e tome nota de quanto tempo leva até que sua mente se disperse. O objetivo da meditação é permitir concentrar-se num elemento em particular sem se distrair. As pessoas treinam e praticam durante anos para conseguir fazê-lo.
- A atenção é **indivisível.** Se você tentar ouvir mais do que uma conversa de cada vez, ou ler um livro e dirigir um carro ao mesmo tempo, vai chegar à conclusão de que é um grande desafio.
- A atenção segue o **interesse.** O aborrecimento arruína a sua atenção num instante. Tenha sempre em mente: "O que eu ganho com isto?"
- A atenção é mantida por uma série de **descobertas.** Esteja atento para o que é novo no que está aprendendo. Com que frequência tem aquela sensação de "Ahá!"?

Às vezes temos de nos forçar a prestar atenção. Isso pode ser desagradável e ineficiente, uma vez que a atenção dura apenas alguns segundos nessas circunstâncias e tem de ser constantemente reforçada.

Há vários tipos de atenção:

- **Atenção voluntária** – É a que ocorre quando você está totalmente absorvido no que está fazendo e nada o distrai. Quando presta atenção em alguma coisa por vontade própria, você o faz com naturalidade. Não tem de se forçar a concentrar; está absorvido nessa tarefa.
- **Piloto automático** – Ocorre quando se encontra no lugar a que queria ir mas não sabe como chegou lá. Também ocorre quando chega ao fim de um livro e constata que não se lembra de nada, apesar de saber que leu todas as palavras.
- **Atenção dispersa** – Infelizmente a maioria de nós sofre de atenção dispersa mais do que gostaria. O fato de haver demasiadas coisas acontecendo ao mesmo tempo, assim como a falta de interesse, provoca uma dispersão da atenção. Quando isso acontece, você sente que, apesar de não conseguir se concentrar, tudo atrai a sua atenção e não consegue focar em nada durante mais que alguns minutos.

O objetivo é conseguir controlar voluntariamente a atenção para que, mesmo em situações que consideraria de difícil concentração, você seja capaz de concentrar a sua atenção total e voluntariamente.

Atenção dividida – quando funciona e quando não funciona

A atenção é uma atividade linear. Se você já está desenvolvendo uma tarefa utilizando um sentido ou se está fazendo algo que requer elevado nível de atenção, só poderá fazer uma coisa de cada vez. Por exemplo, se estiver dirigindo em condições adversas, irá notar que sua atenção à condução é total. Se o rádio estiver ligado, você provavelmente não vai ouvi-lo. Se, por outro lado, a estrada estiver livre e as condições gerais forem boas, poderá guiar, ouvir o rádio e manter uma conversa ao mesmo tempo. Mas, se um cão atravessar a estrada, em apenas uma fração de segundo a sua atenção será toda canalizada para a direção.

A atenção dividida nem sempre funciona quando se está lendo. Ler utiliza a visão e, para muitos, a audição. Limita as conversas, inibe outras atividades que impliquem a audição, como ouvir rádio, e impede que você se concentre em outras atividades visuais, pois os seus olhos estão concentrados na página. Uma das razões por que consideramos ser um desafio manter a concentração enquanto estamos lendo é estarmos focados apenas numa única coisa. Resultado: a atividade pode tornar-se entediante rapidamente, sobretudo se o que estiver lendo for desinteressante.

Ler e ao mesmo tempo levar a cabo outra atividade é quase impossível. Para provar isso, vale a pena fazer uma experiência.

Exercício:

1. Escolha um livro de leitura ligeira, ponha uma fita cassete em um gravador, de modo a que possa gravar o que está ouvindo, e instale-se confortavelmente.

2. Ligue o rádio com o som bastante alto e depois comece a ler.

3. Tente ler e ouvir o rádio ao mesmo tempo.

4. Passados cinco minutos, pare de ler, pare a fita cassete e desligue o rádio.

5. Escreva tudo o que conseguir lembrar do livro e do rádio, mantendo as duas coisas separadas.

6. Conte o número de palavras que leu e verifique a rapidez com que leu. Depois, faça uma leitura superficial para ver qual o grau de exatidão daquilo que se lembra de ter lido.

7. Ouça a fita cassete e verifique o grau de exatidão daquilo que se lembra de ter ouvido.

Faça essa experiência em várias outras situações: ler e ouvir uma conversa, ler e ver televisão, ler e ter uma conversa. Algumas combinações serão mais difíceis que outras.

O objetivo dessa experiência é verificar o que desvia mais a sua atenção. Se descobrir que consegue ler e completar outra tarefa ao mesmo tempo, então você terá desenvolvido outra aptidão que pelo menos o ajudará a gerir o tempo.

O mais importante de tudo é que se divirta com o jogo.

Interesse e motivação

Quanto mais interessado estiver no que está fazendo, mais fácil será concentrar-se. Lembre-se da última vez em que estava tão envolvido no que fazia que perdeu a noção do tempo. Nada desviou a sua atenção. Você estava inteiramente interessado e motivado para atingir um objetivo. Há aqui três palavras que é preciso sublinhar: **interesse, motivação** e **objetivo.**

Quando você sabe aquilo que procura (um objetivo) e por que o faz (motivação), então o desejo (interesse) de concluir a tarefa com sucesso ajuda na concentração total.

No entanto, se a tarefa for particularmente maçante e for difícil encontrar tanto a motivação como o interesse, então o processo será um desafio.

Você terá de decidir, por exemplo, que:

- Seu **objetivo** é terminar a tarefa o mais depressa possível.
- Sua **motivação** é poder chegar a casa mais cedo ou envolver-se numa tarefa mais interessante.
- Seu **interesse** é desenvolver um sistema que lhe irá permitir analisar um documento maçante mais depressa e com maior eficácia cada vez que for confrontado com essa necessidade.

Há duas grandes maneiras de quebrar a concentração: com distrações internas e externas. No Capítulo 8, "Distrações e soluções", vamos discutir em detalhes as distrações externas. Aqui vamos analisar as distrações internas e como reduzir o estresse – um dos fatores que mais contribuem para a falta de concentração.

Estresse e memória

Não se esqueça

O acesso à informação em massa pode ser estressante: lidar com informação em massa por meio de estratégias de leitura reduz o estresse. Muitas vezes o problema não é o que temos de fazer, mas os meios que temos ao nosso dispor para fazê-lo (o como).

Um dos principais fatores que destroem a memória é o estresse. Quando está "estressado", o seu organismo liberta elevados níveis de cortisona para a corrente sanguínea. A cortisona é um hormônio que o afeta de várias formas, dependendo da quantidade liberada para o seu corpo num determinado momento. A cortisona destrói a glicose, a fonte de alimento do seu cérebro.

Se alguma vez você esteve envolvido num acidente ou testemunhou algo traumático, poderá ter passado por essa experiência de uma total ou parcialmente consciente e depois ser incapaz de se lembrar do que aconteceu. Analisando a questão do ponto de vista biológico, você passou por uma situação de grande estresse e o seu corpo liberou enorme quantidade de cortisona, que foi diretamente para o seu hipocampo, destruindo a glicose. Com o alimento reduzido, o cérebro não teve o de que necessitava para fixar a memória corretamente; portanto, apesar de ter visto tudo – e você até pode ter falado com pessoas e circulado pelo local –, as memórias não foram "fixadas" de forma que pudessem ser recordadas, ou então foram distorcidas ou codificadas no que é conhecido por "memória dependente do estado".

Informação extra

A "memória dependente do estado" se dá quando você memoriza algo num determinado estado e só consegue se lembrar disso quando se encontra num estado semelhante. Por exemplo, se fizer algo quando estiver bêbado, na manhã seguinte poderá ter-se "esquecido" do seu comportamento embaraçoso; mas, da próxima vez que sair e beber uns copos a mais, provavelmente irá lembrar-se dos acontecimentos da última noite em que bebeu.

A "memória dependente do estado" tem muito a ver com o fraco desempenho que deixa frustrados muitos estudantes durante os exames. Eles estudam no conforto de suas casas, mas depois fazem o exame numa sala grande, fria e impessoal. O "estado" em que estudaram é diferente daquele em que se encontram durante o exame.

Outro exemplo, menos extremo, surge quando você está sob uma quantidade moderada de estresse. Se está prestes a fazer um discurso, a conhecer um grande grupo de pessoas ou a apresentar, pela primeira vez, seu companheiro(a) ao seu chefe, poderá sentir que tudo fica ligeiramente confuso – você tem todos os aspectos e detalhes de que necessita para a ocasião, mas não consegue organizar as ideias, os nomes ou as palavras.

Alguns especialistas em medicina acreditam que a cortisona pode afetar o cérebro de forma crônica e causar danos a longo prazo. Devido ao nível de estresse presente em grande parte da nossa vida, temos um gotejar constante de cortisona para o nosso corpo. A cortisona circula no nosso sistema e atinge o cérebro, destruindo a glicose e transformando o cálcio em radicais livres, destruindo as células cerebrais a partir do próprio interior. Isso pode provocar perdas de memória, normalmente associadas à idade. As pessoas entre 40 e 50 anos podem sentir que não estão raciocinando tão depressa e claramente como antes. Se essa situação não for diagnosticada a tempo, pode ter sérias consequências.

Independentemente da sua idade, se você tratar bem do seu corpo e da mente, fazendo exercícios com regularidade, comendo de forma saudável, exercitando a mente, relaxando e desfrutando a vida, sua memória se tornará mais clara, mais criativa, mais ativa e mais exata.

Aqueles que adaptarem seu estilo de vida vão chegar à conclusão de que poucas mudanças relevantes irão acontecer da noite para o dia, mas uma ação constante e determinada será recompensada. Isso não é um comprimido mágico que possa ser tomado para a memória instantânea – se um comprimido desse tipo fosse posto à venda no mercado, você deveria abordá-lo cautelosamente ou até mesmo evitá-lo. Você tem a capacidade natural de ser brilhante, se assim o escolher. Basta apenas um pequeno esforço, senso comum, conhecimento e a crença de que tem o que é necessário.

Reagir ao estresse

O estresse aparece quando o contexto em que você se encontra supera sua capacidade de lidar com ele. Sua capacidade de compreensão varia de dia para dia, de momento para momento. "Percepção" é a palavra-chave.

O trabalho que tem na terça-feira pode não ser maior que o que tinha na segunda, mas, porque a sua disposição ou o meio envolvente são diferentes, o que tem para fazer pode parecer mais do que é na realidade. A sensação de que não conseguirá lidar com a situação irá aumentar, independentemente da realidade das circunstâncias envolventes.

Experiência:

Imagine duas pessoas caminhando por uma rua. Ambas veem as mesmas pessoas, a mesma rua e os mesmos acontecimentos. Ambas veem um carro quase atropelar um ciclista, ambas são assaltadas por um ladrão que lhes rouba a carteira, ambas veem um casal discutindo e uma criança chorando. Quando chegam ao fim da rua, uma está tensa e frustrada, a outra encolhe os ombros e diz: "É a vida".

No dia seguinte, as mesmas duas pessoas descem a mesma rua, reparam nas mesmas coisas e as suas reações são opostas. A que se sentiu bastante calma no dia anterior testemunha os mesmos acontecimentos e se sente perturbada por eles, e aquela que anteriormente se sentira impressionada permanece bastante calma.

O estresse é criado pela forma como você responde a determinada situação e não pela situação em si. O objetivo num ambiente potencialmente estressante é concentrar-se na forma como poderá lidar com a situação e melhorá-la, em vez de se concentrar no que fazer para não se deixar perturbar pelas circunstâncias.

Há vários elementos estressantes que podem afetar a sua concentração:

- Ambientais: barulho, caos e poluição.
- Sociais: pessoas, prazos, problemas financeiros.
- Psicológicos: indisposições, dores, má nutrição, falta de exercícios.

Contudo o elemento estressante dominante e potencialmente danificador são, de longe, os **seus pensamentos.** A interpretação que fazemos de uma situação aumenta o estresse. Como Shakespeare escreveu: "Não há nada bom ou mau, só o pensamento o torna assim".

Em algumas situações respondemos aos nossos instintos naturais e evitamos as situações estressantes. O maior estresse provém das ações das quais não podemos fugir ou lutar contra; ao contrário, temos de nos sentar calmamente e sorrir enquanto fervemos por dentro. É nessas horas que os danos podem ocorrer e é com isso que temos de lidar se quisermos nos concentrar total e efetivamente.

Dicas para aumentar sua concentração

Seguem-se várias formas de reinterpretar e de lidar com situações estressantes e que ajudam a melhorar sua concentração.

Quebrar a rotina

Se você pudesse fazer só uma coisa para melhorar sua concentração, a escolha deveria recair em quebrar a rotina. Fazer uma pausa vai melhorar sua memória, sua concentração, sua disposição e capacidade, e vai permitir-lhe continuar em uma tarefa por muito mais tempo do que poderia se não tivesse feito o intervalo.

Uma interrupção naquilo que está fazendo vai lhe dar a oportunidade de reavaliar a sua tarefa, de pensar em novas ideias e abordagens e, em última instância, vai ajudá-lo a ser mais produtivo e a reduzir os níveis de estresse.

Seu corpo é administrado por hormônios e funciona num ciclo ao longo do dia. Quando você sente que precisa de uma xícara de chá ou de café ou começa a bocejar ou a cometer erros, o seu corpo está avisando que é chegado o momento de parar e descansar. Ouça seu corpo, mas não tome o café (leia o excerto de *The energy advantage* no Capítulo 11).

Quanto mais adiar a pausa, mais difícil será voltar à tarefa depois de finalmente ter decidido fazer uma parada. Se tiver muito para fazer, é melhor ter pequenas pausas e fazer pequenos lanches em vez de trabalhar durante toda a manhã e parar para um almoço completo. Se fizer isso, poderá ter mais problemas de concentração do que normalmente tem na parte da tarde.

Cenoura ou paulada

É uma forma de encorajar a si mesmo para aumentar a concentração e garantir que se recompensa devidamente. Se você trabalha em um ambiente convencional, pode sentir que não é totalmente reconhecido ou recompensado pelos seus esforços.

Em vez de esperar que a recompensa por seu trabalho venha de outro lugar qualquer, assuma a responsabilidade de oferecer a si mesmo essa recompensa. No começo do dia, determine o que vai fazer e qual será a recompensa que se dará. Varie as recompensas.

Faça com que sejam coisas boas para si e algo que realmente quer – qualquer coisa que oscile entre uma noite no teatro ou uma ida à sauna e umas férias decentes, por terminar um grande projeto dentro do prazo. Se você considera a leitura uma tarefa, esse tipo de incentivo é particularmente útil. Certifique-se de que tem muitas razões para se presentear. Vai sentir-se mais feliz, sua motivação vai aumentar e seus níveis de estresse irão diminuir.

Acabe com a desorganização

Um ambiente que você pode controlar é a sua mesa de trabalho. Uma única folha de papel em sua mesa poderá atrair sua atenção várias vezes por dia. Se cada folha de papel tiver um prazo anexado, sua mesa estará cheia de alarmes que disparam a cada cinco minutos, alertando-o para a pressão em que está, interrompendo sua concentração, induzindo ao estresse crônico e causando danos de longo prazo em sua capacidade de concentração.

Se, ao contrário, você tiver uma mesa limpa, seu ambiente dará a sensação de que está sob controle. Poderá ter muito para fazer, mas só será capaz de começar uma tarefa de cada vez se tiver a mente livre. A sensação de que o seu ambiente está fora de controle vai diminuir se ele estiver organizado.

Casos verdadeiros

Um participante de uma das minhas aulas tinha um novo método para lidar eficazmente com a desorganização de material que tinha para ler. Colocava tudo que aparecia em cima da sua mesa numa pilha no canto, num tabuleiro. Caso precisasse de um documento, tirava-o da pilha e depois voltava a colocá-lo no topo da mesma se soubesse que ia voltar a precisar dele.

Gradualmente, toda a papelada e documentos de que não precisava e que não tinha de ler iam parar no fundo do monte. De três em três meses ele pegava a metade inferior da pilha e jogava fora sem sequer analisá-la.

Seu argumento era que, se não tinha precisado desse material em três meses, definitivamente não ia precisar dele e, caso fosse realmente muito importante, alguém lhe teria enviado uma nova cópia e, portanto, o novo papel estaria na metade superior do monte.

Ele tem muito sucesso nos negócios. Desde que adotou essa estratégia, reduziu para um quarto a quantidade de leitura que faz, porque os outros sabem que, se quiserem que ele preste atenção a alguma coisa em particular, teem de lhe telefonar. Resultado: sua mesa está sempre limpa – tal como a sua mente.

A música como auxílio à concentração

Os sons que o rodeiam podem produzir ou arruinar o seu ambiente de trabalho. Você já esteve alguma vez em um escritório onde lhe pareceu que o silêncio era tão desconfortável que sentiu que tinha de sussurrar mesmo sabendo que não era necessário? Por outro lado, alguma vez já entrou em uma sala tão cheia de música e barulho que, durante breves instantes, sentiu que tinha de sair?

Estes são exemplos extremos; há grandes variações entre os dois. A nossa resposta também varia: um dia pode aparecer uma música no rádio e nós a desligamos sem hesitar, em outra ocasião sentimos o impulso de pôr o volume no máximo e cantar ao mesmo tempo.

A música é uma força fenomenalmente poderosa – de tal forma que houve época em que, na China, os governantes baniram alguns acordes e sons porque temiam o efeito que o som tinha na população (isso está contado em *O poder oculto da música,* de David Tame, Editora Cultrix, 1984, São Paulo).

Para o objetivo deste livro, iremos apenas analisar música que o ajude a aumentar os seus níveis de concentração. Abaixo está uma lista de algumas peças musicais que foram testadas e provaram ajudar na concentração e na aprendizagem. Estes excertos em particular irão ajudá-lo a relaxar fisicamente mas a se manter mentalmente alerta.

O mais importante na música é que você deve desfrutar e apreciar o que está ouvindo. Se ouvir música de que não gosta enquanto tenta se concentrar, a única coisa que vai conseguir será agitação e aumento dos níveis de estresse.

As músicas que escolhe devem ter algumas características específicas:

- A música deve ser relativamente calma, mas não tão serena que o adormeça.
- A música não deve ter letra.

- O volume deve estar relativamente baixo e discreto.
- Deve haver uma grande variedade.

Algumas sugestões

- Bach, "Largo do Concerto para Cravo em Fá Menor"
- Corelli, "Largo do Concerto Número 7 em Ré Menor, Opus 5"
- Vivaldi, "Largo do Concerto em Ré Maior para Viola e Cordas"

Alimento para o cérebro – comer para a concentração máxima

Cada célula e molécula no seu corpo muda e se desenvolve de acordo com o que o alimenta. Isso inclui o ar que você respira, os líquidos que bebe e especialmente os alimentos que come.

Se tiver de se concentrar por um longo período, o padrão ideal de alimentação a seguir é comer pouco mas muitas vezes – alimentos certos. Na nossa sociedade de *fast-food,* temos tendência para escolher o que dá para comer rapidamente. As refeições ligeiras incluem muitas vezes alimentos muito ricos em açúcar, que reduzem nossos níveis de energia.

Não se esqueça

No Capítulo 5, "Memória", foram incluídas algumas passagens para lhe permitir praticar diferentes técnicas de memorização. São dedicadas à alimentação e à energia. Dê-lhes especial atenção e certifique-se de que as técnicas de memorização que utiliza incidem sobre esses pontos, já que contêm informação útil.

Exercícios para aumentar e melhorar a concentração

Não há nada que você possa fazer para, de repente, passar a ser fácil concentrar-se em qualquer ambiente. A concentração tem de ser desenvolvida e melhorada. Eis alguns exercícios que você pode utilizar para aumentar a concentração e diminuir o estresse.

Respirar

Apesar de a maior parte das suas células cerebrais morrer se estiver sem oxigênio por mais de três a cinco minutos, você pode viver toda uma vida sem respirar devidamente e não ter total consciência das consequências.

O seu corpo utiliza a respiração como um sinal para lhe dizer quando algo está mal. Quando você se sente estressado ou ameaçado, a primeira coisa que vai notar é uma aceleração da respiração; quando se sente cansado, boceja para absorver mais ar; quando está numa sala com ventilação fraca, passado pouco tempo começa a sentir-se desconfortável, fica com dor de cabeça ou com sensação de fadiga. Estes sinais não devem ser ignorados.

Uma respiração correta liberta-o de uma série de queixas, incluindo rigidez, tensão, irritabilidade, dores de cabeça, fadiga e depressão.

Bons hábitos respiratórios contribuem consideravelmente para a sua capacidade de concentração e para reduzir os níveis de estresse.

Há vários exercícios respiratórios que não exigem muito tempo e que podem ser feitos em qualquer ambiente – todos ajudam a aumentar e a manter a concentração. Esses exercícios se aprendem rapidamente. Pratique-os durante alguns minutos todos os dias.

Um bom hábito para desenvolver é praticar um exercício respiratório antes de iniciar uma sessão de leitura:

- Selecione um dos exercícios apresentados a seguir.
- Sente-se um pouco e relaxe.
- Pratique o exercício respiratório escolhido.
- Defina o que pretende alcançar e quais são os seus objetivos.
- Comece a ler.

Essa rotina demora apenas um instante, e o seu corpo começará, muito em breve, a relaxar naturalmente quando se sentar para ler, aumentando sua concentração e diminuindo a tensão.

Exercício respiratório discreto

Se você estiver numa situação ou ambiente em que não pode mostrar que está fazendo um exercício respiratório:

- Inspire lenta e profundamente.
- Prenda a respiração contando até oito e expire lentamente.
- A cada inspiração, certifique-se de que está respirando pelo abdome[2] e não pelo peito. Para verificar se está respirando corretamente, coloque suas mãos na barriga e verifique se ela está ou não se mexendo. Quando estiver numa situação demasiado pública para fazê-lo, concentre-se na sua cintura – à medida que respira, deve sentir a roupa apertar ligeiramente.
- Faça três ou quatro inspirações como esta e depois relaxe.
- Se puder, acompanhe a respiração com um espreguiçar.

---

2. Significa que a inspiração deve ser feita dilatando o abdome, ou seja, deixando a barriga ir para a frente ou dilatando o abdome pelas laterais, logo abaixo das costelas (N. do T.).

Casos verdadeiros

Às vezes você tem a sensação de que espreguiçar-se seria suficiente. Tenho uma colega professora que regularmente dá palestras para grandes grupos. Quando ela está um pouco nervosa ou agitada, sente uma vontade enorme de se espreguiçar.

Em vez de se privar desse prazer, ela pede à sala toda que se levante e se espreguice com ela. O grupo fica sempre com a sensação de que isso faz parte do curso e, uma vez que a tendência é para que se sintam melhor ao fazê-lo, ninguém se queixa.

Se não conseguir encontrar um local calmo, peça a todo mundo para se juntar a você. Faça a experiência na próxima reunião. Utilize uma desculpa como "está calor aqui dentro e já estamos sentados há um bom tempo. Para ganhar energia, vamos nos mexer, levantar-nos por uns instantes e espreguiçar". Sempre dá resultado.

Exercício respiratório rápido

Se você só tem alguns minutos, este exercício respiratório de ioga é excelente para relaxar e concentrar. É especialmente bom se estiver com pressa e tiver uma agenda a cumprir:

- Feche os olhos por alguns momentos.
- Coloque seu polegar direito na sua narina direita e tape-a.
- Respire profunda e lentamente pela narina esquerda durante seis segundos.
- Tape ambas as narinas e sustenha a respiração durante seis segundos.
- Destape apenas a sua narina esquerda e expire lentamente.

- Pare durante seis segundos.
- Depois continue, mas agora respirando pela narina direita, fechando ambas e expirando pela narina direita.
- Continue o exercício enquanto se sentir confortável.

Estimular a vivacidade

Se você ficar cansado e ainda tiver muito para fazer, o seguinte exercício vai ajudá-lo a aumentar sua vivacidade e acordá-lo. Pode fazer este exercício em público:

- Levante-se ou sente-se direito.
- Inspire total e naturalmente (para o abdome).
- Segure a respiração contando até seis.
- Aperte os lábios e expire sob a forma de pequenos suspiros enérgicos até ter expelido todo o ar.
- Inspire mais uma vez profundamente e repita o exercício várias vezes.

Se isso não funcionar...

Se os exercícios respiratórios não derem bom resultado, não force. Quando você sentir que precisa relaxar um pouco, basta sentar-se para trás e fechar os olhos por alguns momentos.

Estar presente e enquadrado

Uma mente que vagueia é um sintoma de falta de atenção e concentração reduzida. Estar presente nem sempre surge naturalmente.É fácil para a sua mente passear por lugares e tempos distantes. A única forma de aprender a se manter presente é ter consciência de quando não está presente. Eis um exercício que pode fazer em público ou privado. É muito relaxante e eficaz:

- Sente-se ou imobilize-se por um momento.
- Primeiro, feche os olhos, se puder, e preste atenção ao que consegue ouvir. Quantas conversas consegue perceber? O que os outros estão dizendo? Consegue ouvir o trânsito? Qual é o som mais distante que consegue ouvir? Qual o som mais próximo que consegue ouvir? Qual o som mais familiar e mais desconhecido ou estranho? Qual o som mais e menos agradável? Identifique todos os sons que consegue ouvir.
- A seguir, concentre-se no que consegue sentir. A que distância os outros estão de você? Como sente o chão debaixo dos seus pés? Como se sente com a roupa que está vestindo? Está ventando? Em caso afirmativo, de que direção vem o vento?
- Agora, com os olhos abertos, repare nas cores. Quantas tonalidades diferentes de vermelho, azul ou laranja você consegue ver? Qual a cor mais comum no cenário à sua frente? E a cor menos comum? Agora preste atenção às formas que consegue ver. Se observasse o que o rodeia e tivesse de descrevê-las apenas em termos de formas, e não o que os objetos realmente são, como os descreveria?
- Finalmente, aprecie o ambiente que o rodeia.

Pode notar que, por mais barulhento ou caótico que o meio em redor possa parecer a princípio, quando realmente presta atenção você é surpreendido com o nível de conforto e relaxamento que isso gera. Isso pode simplesmente ser o resultado de conhecer o ambiente que o rodeia pelo que ele realmente é, em vez de fazer interpretações.

Faça esse exercício com frequência, especialmente quando sentir que o ambiente parece ficar fora de controle.

Ação deliberada

Este exercício vai ser útil se você tem apenas um pequeno artigo para ler e parece não conseguir se concentrar nele.

- Faça um dos exercícios respiratórios, dando o tempo necessário a si mesmo para se sentar calmamente e arrumar primeiro as ideias.
- Depois, pegue o material que quer ler e durante cinco minutos leia tão lentamente quanto conseguir, sem deixar que a sua mente vagueie. Se sentir que a sua atenção está se desviando, concentre-se novamente.
- Se se dispersar muito, leia alto durante um curto espaço de tempo. Passado um momento, sua atenção vai voltar a se concentrar. O seu desejo natural de analisar o material e terminar o que começou irá ser mais forte e sua velocidade de leitura irá aumentar.

Números mentais

Você vai ficar surpreendido com a facilidade com que vai se distrair sem perceber que isso está acontecendo. Tente esta experiência simples:

- Conte de 1 a 26. Repare em qual número estará quando surgir um novo pensamento em sua cabeça.

Muitos vão ter um novo pensamento assim que chegarem ao número cinco. Quando se está contando, é fácil pensar em outras coisas e ainda assim continuar, porque contar até 26 é um exercício simples. Quando se está lendo, a energia mental necessária para se concentrar aumenta e os devaneios podem contribuir para uma falta de concentração.

Você poderá usar a seguinte experiência para aumentar a sua concentração:

- Conte simultaneamente de 1 a 26 e percorra o alfabeto de A a Z:
- 1 - A - 2 - B - 3 - C - 4 - D - 5 - E daí em diante.
- Imagine que os números estão do lado direito do seu cérebro e as letras do lado esquerdo.
- Depois, mude os lados: imagine os números à esquerda do cérebro e as letras à direita.

A que velocidade consegue ir? Até onde consegue ir antes de a sua atenção se desviar? Quando conseguir percorrer o alfabeto (e simultaneamente contar até 26) fluentemente, tente o exercício de trás para a frente.

Quando sentir a sua concentração falhar, faça algumas vezes um dos exercícios anteriores. Isso pode ser meditativo e relaxante.

Pausa

A reação ao estresse impede a concentração e inibe a memória. Quando sentir que está reagindo a uma situação estressante:

- Recline-se na cadeira por um momento e não faça nada. Apenas respire e relaxe.
- Faça uma lista do que tem de ser feito.
- Tome nota do tempo que tem disponível.
- Decida como vai atuar.
- Prepare-se.
- Atue.

Preocupar-se com a forma como vai fazer tudo o que tem a fazer é uma distração em si mesma e não leva a nada.

Resumo

Dicas para aliviar o estresse e facilitar a concentração:

1. Faça pausas.

2. Siga os exercícios respiratórios e de relaxamento.

3. Conheça o seu objetivo.

4. Mude o seu ambiente.

5. Seja firme com aqueles que pedem desnecessariamente a sua atenção.

6. Desenvolva uma rotina que inclua, no seu trabalho e nas suas leituras, períodos de descanso e de recuperação.

7. Aprecie o que faz – atribua recompensas a si próprio frequente e generosamente.

8. Pratique o "estar presente".

5
Memória

Neste capítulo você vai aprender:

- como funciona o processo de memorização
- os diferentes tipos de memória
- como funciona (ou não) a memória
- técnicas para recordar o que lê
- como envolver os seus sentidos na leitura

Uma boa concentração é o primeiro passo para uma boa memória. Alguma vez você já teve que voltar ao início, depois de chegar ao fim de um parágrafo, capítulo ou livro, por não se lembrar de nada do que leu? Não importa o quanto lê depressa se não se lembrar do que leu. Terá sido sempre tempo perdido.

Para reter informação a longo prazo, você a terá de **rever.** A revisão tem de ser rápida. Seria frustrante levar tanto tempo para rever como levou para ler pela primeira vez. Neste capítulo abordamos o processo de memorização, como funciona e como você pode maximizá-lo durante a leitura.

Mitos sobre a memória

Existe o perigo de a vida moderna estar sobrecarregando a memória humana. Com o crescimento da comunicação em massa, com o volume de publicações atingindo níveis inéditos e a ênfase do sucesso mudando da força física para o poder mental, temos de desenvolver competências que nos ajudem a acompanhar o ritmo – mas também a ser bem-sucedidos. O principal fator que contribui para estarmos sobrecarregados não é, necessariamente, a quantidade de informação com que somos confrontados, mas antes a nossa atitude.

Normalmente só tomamos consciência da nossa memória quando nos esquecemos de algo. Esse é um ponto importante em relação à leitura, já que a maioria das pessoas enfrenta um verdadeiro desafio ao tentar relembrar a informação lida. Isso acontece porque não estão utilizando uma estratégia de retenção e memorização apropriada.

Em primeiro lugar, é preciso considerar alguns princípios básicos sobre a memória:

- A memória não é um sistema isolado. Baseia-se na percepção, na atenção e no raciocínio.
- A memória não é um sistema baseado em fatos isolados. Tudo o que retemos está inter-relacionado com outras fontes de informação guardadas na memória.
- A recuperação da memória depende muito da associação. Quanto mais organizada for a memória, mais fácil será recordar a informação.
- A informação nova não é armazenada separadamente da informação antiga. Os conhecimentos anteriores ajudam a racionalizar as novas informações e vice-versa,

razão pela qual é mais fácil ler materiais que tenham a ver com temas familiares.

- A memória não serve apenas para armazenar informação, mas também para fazer uso dela.
- Falamos de memória como se se tratasse de um objeto. Descrevemo-nos como tendo uma memória boa, má ou mediana, assim como temos bons ou maus pulmões. Nossa memória não é uma coisa ou, pelo menos, não é certamente uma única coisa. É uma série de processos que ocorrem no nosso cérebro a todo momento.
- Nossa memória pode ser formada. Diz-se que não há boas ou más memórias, apenas memórias treinadas ou não treinadas. Salvo muito raras exceções e a existência de danos orgânicos, todos nascemos com uma memória que pode ser desenvolvida.

Quanto mais você exercitar a sua memória, mais forte ela se tornará. Muitos dos problemas de memória de que as pessoas se queixam com o avançar da idade são devidos à falta de exercício mental e físico, à má nutrição, ao estresse excessivo e a fracas estratégias de memorização.

A regra básica para melhorar a memória e a capacidade de concentração é considerar que o que é bom para o corpo também é bom para a mente. O estresse é um dos fatores importantes responsáveis pela perda de memória. (Talvez seja interessante você rever a informação sobre o estresse no Capítulo 4, "Concentração").

Você sabia?
A memória parece ser transferível. Foi desenvolvida uma experiência interessante com ratos. Os cientistas induziram nos ratos o "medo do escuro", desligando as luzes

e no mesmo momento administrando-lhes um ligeiro choque elétrico. Passado algum tempo, sempre que se apagavam as luzes os ratos fugiam em busca de abrigo. Uma pequena quantidade de proteína, que se imagina transportar "memórias", foi extraída do cérebro dos ratos assustados e injetada em ratos com um comportamento normal no escuro (ausência de resposta ao apagar das luzes).
Rapidamente os ratos normais passaram a evidenciar "medo do escuro", sem nunca terem sido expostos a choques elétricos ao mesmo tempo que se apagavam as luzes.

Memória de curto, médio e longo prazo

Quase todos já experimentamos, em dado momento, a sensação de que nossa memória é mais eficaz a curto prazo. Às vezes atravessamos fases ou períodos do dia em que parecemos incapazes de reter ou relembrar coisa alguma.

Memória de curto prazo

Esta parte do sistema de memorização retém a informação apenas por alguns segundos. Se não tivéssemos essa faculdade, todas as informações colhidas pela visão, audição, olfato, tato ou gosto seriam armazenadas e estariam acessíveis. Isso tornaria o processo de recolha de informação muito difícil devido às interferências. Se quiser recordar o que está na sua memória de curto prazo, você terá de lhe prestar atenção e tomar uma atitude para conseguir retê-la e torná-la acessível por um período maior.

Memória de médio prazo

Essa informação é retida por um período de horas. Já lhe aconteceu fazer ou reparar em algo, interessar-se e decidir que deve memorizá-lo e algumas horas depois descobrir que não consegue se lembrar exatamente do que se tratava? Trata-se do funcionamento da memória de médio prazo. A informação necessária para o momento presente é armazenada nesse processo. Assim que deixa de ser necessária, é descartada. É o que se passa quando você se esquece do nome das pessoas. Encontra-as uma vez, lembra-se delas enquanto está com elas, mas depois pode não voltar a pensar nelas durante um período e, quando as reencontra, não consegue lembrar o nome. Pode recordar onde as conheceu, o que vestiam, porque a memória visual é mais forte que a memória auditiva (mais adiante voltaremos a este assunto), mas pode muito bem ter esquecido os nomes.

Memória de longo prazo

Este é o objetivo da maior parte da leitura. Sua memória de curto prazo irá reter a informação o tempo suficiente para que perceba o sentido do que está lendo. A memória a médio prazo irá reter a informação o tempo suficiente para que você perceba o significado do capítulo, mas será a memória de longo prazo que permitirá que apreenda o livro inteiro. A memória de longo prazo requer revisão e aplicação.

A memória de longo prazo trabalha com as memórias de curto e médio prazo. Quando você lê, depende de conhecimentos "antigos" armazenados na sua memória de longo prazo, que lhe permitem estabelecer ligações e associações com a nova informação. Os três sistemas estão totalmente interligados, e qualquer falha ou fraqueza em algum deles impedirá o sistema de funcionar eficazmente como um todo.

Como a memória funciona

Existem diversos modelos de funcionamento da memória. Basicamente, a memória está dividida em três partes:

- **Aquisição** – absorver a informação
- **Retenção** – manter a informação
- **Acesso** – acessar novamente a informação

A memória pode tornar-se inacessível em qualquer momento. O problema está em que você só perceberá que ela não está disponível quando tentar acessar alguma informação – talvez quando estiver frente a frente com alguém cujo nome esqueceu, tentando apresentar essa pessoa a outra, de cujo nome também não se recorda.

Existem algumas regras básicas de memorização que você deve observar em cada uma das fases e que o ajudarão a recordar.

Aquisição de memória:

1. A primeira regra para adquirir memória é: **prestar atenção.** Na maioria das vezes esquecemos algo porque não tivemos oportunidade de, logo de início, fixar essa informação. Alguma vez lhe disseram o título de um livro e dois segundos mais tarde você percebeu que o tinha esquecido? É provável que sua atenção estivesse concentrada em outra coisa. O mesmo fenômeno ocorre quando lê. Se você tiver uma indagação passando por sua cabeça, questionando-se se será capaz de se lembrar mais tarde do que está lendo, muito provavelmente não se lembrará de grande coisa.

2. A segunda regra passa por: **planejar.** Antes de começar, pense quando será provável vir a utilizar a informação que vai ler. Depois, decida qual ferramenta de memorização (tema abordado mais adiante neste capítulo) o ajudará melhor quando chegar o momento de usar a informação.

3. A terceira regra é: **interessar-se.** Mesmo que o conteúdo do material pareça chato, descubra algo nele que possa interessá-lo. Se você estiver aborrecido, algumas partes do seu cérebro estarão adormecidas e será mais difícil prestar atenção.

4. A última regra é: **ser ativo.** Leia ativamente. Pense sobre o que lê. Quando utilizar o sistema dos cinco passos e se preparar para iniciar a leitura, tire algum tempo para pensar sobre o que realmente sabe do tema. Como foi explicado no início deste capítulo, a memória não funciona isoladamente. Quanto mais associações fizer entre a nova e a velha informação, mais fácil será compreender o que está lendo. A compreensão é a chave para a memorização.

Retenção de memória

Armazenar informação é uma coisa, guardá-la de forma que seja acessível é outra completamente diferente.

A memória é sustentada por associação e por ordenação. Quanto mais organizada for a memória, mais fácil será acessar a informação quando necessário. Você não precisa ter tudo na cabeça. Pode ser igualmente organizado recorrendo ao arquivo ou a suas anotações, de forma que saiba onde encontrar a informação necessária sempre que precisar. As ferramentas simples de memorização, enunciadas na próxima seção, irão ajudá-lo a organizar a leitura de forma que facilite o acesso à informação.

Para que a informação possa ser efetivamente retida na memória, são necessárias medidas tais como ensaiar e rever. Existem diversas formas de conseguir reter. A menos eficaz é o ensaio repetitivo. Infelizmente, muitos de nós utilizamos esse método na escola sempre que tentamos memorizar informação para os exames e os testes.

Esse método é ineficaz porque a informação desaparece assim que as memórias forem alvo de interferências. Por exemplo, se lhe dão um número de telefone e, em seguida, lhe perguntam onde colocou as chaves, provavelmente esquecerá o número de telefone, já que a hipótese de ter perdido as chaves levará a sua mente, qual reação em cadeia, a se dispersar em múltiplas direções. As interferências na memória e o esquecimento serão abordados mais à frente neste capítulo.

Quanto mais tempo tiver para refletir, compreender e trabalhar a informação que pretende memorizar, mais chances você tem de lembrá-la.

Acesso à memória

Uma das razões pelas quais temos dificuldade em recuperar informações é o fato de o processo de recuperação utilizado ser inadequado. A informação é armazenada em diversas zonas do cérebro. Quando tentamos nos lembrar de como é a nossa porta de casa, diversas áreas do nosso cérebro são ativadas. Podemos:

- **Visualizar** uma imagem interna da porta (área visual).
- **Ouvir** o som da porta se fechando ou abrindo (auditiva).
- **Lembrar** a última vez que passamos por ela (sinestésica e proprioceptiva).
- Lembrar a sensação que tivemos da última vez que ficamos trancados do lado de fora (emocional).
- **Sentir o cheiro** da camada fresca de tinta da última vez que a pintamos (olfativa).

Muitas vezes, quando tentamos acessar a informação, usamos apenas um canal de acesso. Se você conseguir recriar a totalidade da experiência à medida que recorda, será mais fácil obter mais informação.

Há diferentes tipos de acesso à memória, dependendo da forma como a informação é apresentada. A informação mais fácil de recordar é a que conseguimos **reconhecer.** As questões de múltipla escolha num exame podem ser mais fáceis do que aquelas nas quais você tenha de elaborar a resposta. Reconhecer o rosto de alguém é frequentemente mais fácil do que se lembrar do nome. Você já deve ter reparado que quando, às vezes, procura informação que sabe já ter lido antes e sabe onde procurar, consegue visualizar a página onde está o que procura, e quando encontra essa página reconhece o texto, embora não consiga lembrar a informação propriamente dita.

Relembrar ocorre quando não lhe são dadas quaisquer pistas, como quando, por exemplo, a informação requerida é o nome de uma pessoa e não o seu aspecto. Muito da informação que esquecemos é a informação que temos de relembrar.

Técnicas para recordar o que leu

Existem diversas formas de recordar o que se leu. A seguir enumeramos algumas. O objetivo é familiarizar-se com todas elas e ser capaz de utilizar a mais correta, conforme o tipo de documento que está lendo. Como somos todos diferentes, faça experiências com todas as abordagens.

Linear

Faça anotações enquanto lê ou no final de cada seção. Você

deve incluir os seus próprios pensamentos, ideias e referências cruzadas. Quanto mais incluir das suas próprias ideias, mais forte será a memória de longo prazo.

Palavras-chave

Sublinhe as palavras relevantes da mensagem que está transmitindo. Se tomar notas separadamente, certifique-se de que as palavras-chave estão corretas – você não tem interesse em uma lista de palavras que não farão sentido algum quando for rever a informação num momento futuro.

> **Atenção!**
> Tenha cuidado quando sublinhar. Há o risco de sublinhar tudo, à medida que avança no texto, o que resultará num texto sublinhado idêntico ao texto original, mas agora sublinhado, colorido e cheio de marcas e, portanto, mais difícil de ler. Tente restringir o sublinhado a apenas algumas palavras em cada frase e talvez apenas uma frase por parágrafo.

Leitura marginal

A maioria das pessoas é ensinada a acreditar que os livros são para ser mantidos em perfeitas condições. A não ser na circunstância de o livro em causa ser uma antiguidade preciosa, o livro é uma forma de comunicação entre o autor e o leitor. Comece a tomar posse do livro ao escrever nele ou fazendo anotações. Além de sublinhar, circular palavras e assinalar áreas essenciais, você pode anotar as suas opiniões, quer concorde, quer discorde do que está escrito, e assinalar o que entende e o que desperta dúvidas. Depois, pode fazer algo em relação ao que não entende. Claro que isso só pode ser feito se o livro for seu.

Fazer um mapa do contexto

Esta técnica baseia-se em perguntas e respostas. À medida que você avança no texto, procure as respostas para as questões quando, o quê, onde, quem, por que e como. Escreva as respostas numa ficha de arquivo ou no próprio texto. Descobrirá frequentemente que, ao chegar ao fim, já tem toda a informação de que necessita. Para se recordar da informação mais tarde, você só terá de recolocar as questões, o que irá revelar as respostas.

Fazer um mapa mental

Esta é outra forma de fazer anotações:

- Escreva a ideia-chave no centro de uma folha de papel.
- As ideias principais surgem como ramificações a partir do centro.
- As ideias secundárias derivam das ideias principais.
- As ideias terciárias derivam das ideias secundárias.
- Continue o processo até esgotar os detalhes relevantes.
- Use tantas cores quantas for possível (para alguns tipos de documento serão necessárias pelo menos cinco cores distintas), e sempre que possível use símbolos e desenhos em vez de palavras.
- Use uma palavra ou ideia por linha.

Classificação

Esta é uma boa técnica para trabalhos de pesquisa:

- Trace uma linha vertical que divida ao meio uma série de cartões de tamanho A5.

- Escreva "conceito" na coluna da esquerda e "definição" na coluna da direita.
- À medida que avança na leitura e detecta os conceitos-chave, anote à esquerda algumas palavras-chave que resumam os conceitos e ideias e na outra coluna anote a terminologia utilizada (respectivas definições) e que seja nova para você.
- Arquive os cartões por tópicos. Quando ler outro livro sobre o mesmo tema, use os mesmos cartões, acrescente e expanda a informação já reunida.

Técnicas para testar a memória

Seguem-se quatro trechos. Cada um tem aproximadamente 500 palavras. Leia cada um deles tão rapidamente quanto possível para uma boa compreensão, utilizando qualquer uma das técnicas que acabamos de descrever.

- Evite as estratégias de memorização com as quais já está familiarizado; essas você já sabe se funcionam ou não.
- Aplique uma técnica diferente em cada parte do texto.
- Imponha o tempo máximo de um minuto para concluir a leitura de cada texto.
- Quando tiver concluído a leitura e cumprido as instruções de cada uma das técnicas, tire algum tempo para escrever tudo de quanto conseguir lembrar-se de cada um dos textos. Quanto mais detalhes recordar, melhor. Quando você se sentir satisfeito, passe ao texto seguinte.

O mais importante de qualquer técnica de memorização é assegurar-se de que você organiza a informação que está reunindo numa ordem que lhe seja adequada. Cada autor estrutura a informação de acordo com um modelo que faz sentido para si próprio; o leitor tem um passado e um nível de conhecimento diferente sobre o tema. Certifique-se de que a nova informação é incorporada no conhecimento que detinha previamente e que é ordenada de modo que, quando mais tarde necessitar acessá-la, ainda faça sentido.

Os textos seguintes foram selecionados com muito cuidado. Eles oferecem uma visão dos ritmos e ciclos corporais que têm enorme efeito sobre a nossa capacidade de concentração ao longo das diferentes horas do dia. Aprecie o exercício. Lembre-se de ler tão rapidamente quanto possível para uma boa compreensão e de utilizar um marcador.

Excerto de *The energy advantage,* da dra. Chris Fenn[3]

Texto 1 – Sincronize os seus ritmos biológicos

É um padrão conhecido. Há momentos, ao longo do dia, em que produzimos a todo vapor – sentimo-nos particularmente vivos e alertas, desenvolvendo nosso trabalho em um bom ritmo e brilhando nas reuniões de negócios ou dando conta das inúmeras solicitações das crianças pequenas, algo que em outros momentos seria capaz de nos deixar esgotados.

No entanto existem outros momentos no decurso do mesmo dia em que nos encontramos cometendo erros inexplicavelmente banais, ou incapazes de nos concentrarmos e de pensar com clareza.

O período de fadiga e de bocejos que se abate sobre nós na parte da tarde é uma ocorrência comum, mas

3. Reproduzido com autorização da autora (N. do T.).

algumas horas depois parecemos ter recobrado forças e atuamos com fôlego redobrado.

Muitos acreditam que esse período de alheamento se deve à pesada refeição ingerida no almoço. Isso é verdade até certo ponto – estômago cheio provoca uma afluência de sangue ao intestino que enfraquece o afluxo de sangue ao cérebro.

Mas você já reparou que não se observa esse fenômeno depois de um farto café da manhã? A letargia do meio da tarde também ocorre caso tenha feito uma refeição leve no almoço. Então o que se passa? O que você come é apenas parcialmente responsável pela mudança de humor e pela alteração dos níveis de energia ao longo do dia; nossas atividades físicas e mentais também são reguladas por ritmos e ciclos naturais.

Sintonize o seu relógio biológico

Desde o princípio dos tempos que as diversas civilizações têm definido suas rotinas e ritmos de vida com base nos ciclos do Sol e da Lua. Só recentemente nos apercebemos de que temos nossos próprios relógios internos e que estes desempenham um papel vital em nossa vida diária. Nosso corpo segue uma sequência pré-programada, de forma que as funções essenciais como o sono, a vigília, o crescimento, o restabelecimento e o metabolismo decorrem nos momentos mais oportunos do dia ou da noite.

Talvez você esteja familiarizado com o termo "ritmo circadiano", definição para o ciclo biológico que ocorre a cada 24 horas. Originalmente, pensava-se que nosso ritmo circadiano consistia na simples alternância diária entre o sono e a vigília, mas as pesquisas vieram a demonstrar que outros ritmos têm um poderoso efeito no nosso estado de espírito e na eficácia do nosso desempenho ao longo do dia. Assim sendo, para maximizar nosso desempenho ao longo do dia, devemos sintonizar-nos com o nosso relógio interno!

A localização exata do relógio biológico humano ainda está por determinar, mas em ratos e outros mamíferos ele está localizado em dois pequenos grupos de células, um em cada hemisfério cerebral, designado por núcleos supraquiasmáticos (NSQ). A localização do relógio nessa área é significativa, já que as células são parte de uma grande região denominada hipotálamo, a área do cérebro que controla a temperatura corporal, a ingestão de água e alimentos, a secreção de hormônios e o desejo sexual. Quando as células NSQ são removidas, observa-se a destruição dos ciclos de alimentação, ingestão de água e atividade sexual dos ratos.

Independentemente da localização que o relógio biológico possa ter no nosso corpo, não há dúvida de que se trata de um dispositivo sofisticado, marcando e controlando o que sentimos – e quando sentimos. O ciclo sono/vigília é um dos ciclos biológicos mais poderosos, responsável por estarmos alertas durante o dia e sonolentos à noite.

No entanto, um estudo britânico, realizado pela Universidade de Manchester, sugere que o nosso ciclo não coincide com o ciclo planetário das 24 horas diárias. Mantidos numa sala com luz artificial contínua e na ausência total dos estímulos diários externos, o organismo dos elementos que compunham o grupo de testes de Manchester ajustou-se a um ciclo de 25 horas.

Isso ocorre a muitos de nós nos fins de semana. Sem despertadores, prazos ou compromissos, e depois de um longo serão na sexta-feira ou uma manhã de domingo na cama, nossos ritmos se ajustam ao ciclo natural de 25 horas. Os indivíduos particularmente sensíveis chegam a se arrastar na segunda-feira de manhã, em virtude do ligeiro efeito de *jet lag*[4]. Os indivíduos que sofrem de cegueira provocada por doença da retina frequentemente perdem a sincronia com o resto da família, amigos e colegas, já que o seu ciclo diário se ajusta naturalmente a um ciclo de 25 horas, em vez das 24 horas normais.

As pesquisas demonstraram que existem variações distintas, determinadas pelos ritmos circadianos, nas nossas capacidades físicas e mentais. Isso se deve ao fato de, durante cada ciclo completo, a temperatura corporal, a produção de urina, os níveis de glicose, colesterol e outras substâncias aumentarem e diminuírem; nosso estado de espírito, nosso corpo e nossa mente estão em constante mudança ao longo do dia e da noite.

Resumindo: um dia típico começa por volta das 7 horas da manhã. Depois de ter atingido seu nível mínimo

4. Também conhecida como "fadiga de viagem", é uma mudança fisiológica provocada por alteração do ritmo circadiano. Acredita-se que é o resultado do rompimento do ciclo claridade-escuridão que se alterna regularmente ao longo de 24 horas.

por volta das 4-6 horas da manhã, a temperatura corporal aumenta rapidamente. Esse fato afeta nosso metabolismo, cuja velocidade também aumenta, já que as enzimas (responsáveis pelo controle de diversos processos químicos no organismo) trabalham mais depressa quando a temperatura é mais elevada. Como consequência, inicia-se a liberação acelerada do hormônio cortisona, pelo que alcançamos nosso pico de desempenho mental em algum ponto entre as 7 da manhã e o meio-dia. Esse é o melhor período para lidar com problemas – o chefe ou uma tarefa importante. Depois do meio-dia não é boa hora para tomar decisões: nossa temperatura corporal volta a diminuir e cai também o nível de certos hormônios, como a adrenalina, razão pela qual nossa capacidade mental se retrai. É nesse período que a maioria de nós se sente letárgica e percebe uma drástica quebra na eficiência.

O hábito mediterrâneo de fazer uma pausa para dormir a sesta é uma ótima ideia. Coincide com o período mais quente do dia – mas faz sentido sincronizar-se com o seu ciclo biológico em vez de combatê-lo. A partir das 3 da tarde, nossa capacidade de pensar volta a aumentar e já somos capazes de trabalhar bem. Das 4 às 7 da noite, estamos no pico físico, graças a elevados níveis de hormônios, como a noradrenalina e a adrenalina (as novas denominações são norepinefrina e epinefrina). Isso afeta a otimização da função neural e a coordenação muscular, essenciais ao desempenho dos trabalhadores manuais, mas é ideal para uma partida de *squash* ou qualquer forma de exercício físico. Das 7 da noite em diante, o corpo arrefece à medida que a taxa metabólica e os níveis hormonais diminuem, até atingir seus valores mínimos por volta das 3 da manhã. Com esse conhecimento dos fatos é possível agendar as reuniões de trabalho e as conferências de modo que possamos tirar partido desses picos de atividade. À semelhança do ritmo circadiano, existem outros ciclos que podem ter um efeito mais imediato no nosso estado de espírito e no nosso bem-estar geral.

Texto 3 – Esqueça as falsas gorduras

Perante o dilema de autoindulgência com os chamados alimentos proibidos, muitos de nós somos arrastados para a dieta – o que, muito recentemente, implicava a penitência de recorrer a alimentos com baixo teor de gorduras, mas com consistência e sabor de papel. Há alguns anos, qual um "maná" de baixas calorias vindo do céu, chegou a revolução das falsas gorduras (alimentos *light*). Essas falsas gorduras são substâncias (algumas sintetizadas a partir de açúcares ou proteínas) capazes de produzir o efeito cremoso das gorduras, mas sem acréscimo de calorias. Subitamente, as prateleiras dos supermercados já não abrigavam motivos de receio e já não havia alimentos proibidos. Chocolate, bolos com creme, biscoitos, bolos secos, gelados, creme de leite e pudins eram agora fornecidos sem gordura. Na teoria, esses alimentos serviam de substitutos às alternativas gordurosas e ricas em calorias e passávamos a poder condescender, sem sentimentos de culpa, ao consumo dessas iguarias, mantendo o controle da balança. Na realidade, não funciona assim. A indústria alimentar tem-se expandido à custa dos lucros obtidos com a revolução das baixas calorias, mas, infelizmente, também nós nos expandimos. Com base nas estatísticas oficiais do governo britânico, 16% das mulheres e 13% dos homens são agora obesos – o dobro da incidência de cinco anos atrás –, e pelo menos metade da população sofre de excesso de peso.

Nos últimos cinco anos, o tamanho médio de roupa feminina adulta, na Inglaterra, aumentou do 14 para o 16. A indústria alimentar tem feito um excelente trabalho de "lavagem cerebral" no público, de modo que este seja receptivo a uma única mensagem: a gordura é má. Como consequência, descartamos as demais considerações nutricionais e de saúde, na perseguição da crença de que qualquer coisa com "pouca gordura" nos torna magros e que as falsas gorduras são alimentos "saudáveis".

A indústria alimentar promove essa crença gastando uma fortuna em investigação e desenvolvimento de um número sempre crescente de gorduras sintéticas e substitutos de gorduras, com os quais produz novos alimentos e aumenta o número de delícias *light*.

A mais recente, e potencialmente mais perigosa, dessas falsas gorduras leva o nome de Olestra. É produzido com base em gordura vegetal e açúcar, mas suas moléculas são tão grandes e estão tão densamente compactadas que não podem ser absorvidas pelo organismo; a consequência é que passam pelo seu estômago intatas. Ao contrário de outras falsas gorduras, que não podem ser aquecidas acima de certas temperaturas sob pena de se desintegrar, o Olestra pode ser usado para fritar, produzindo iguarias tão gordurosas quanto o seu desejo determinar, mas com a reconfortante certeza de que serão eliminadas tal como ingeridas. O Olestra foi recentemente aprovado, nos Estados Unidos para uso estrito em alimentos *snack* (comida rápida), embora sua utilização possa, muito em breve, ser autorizada numa série de alimentos fritos, e como óleo culinário, para uso doméstico. Essa aprovação foi consumada apesar da vasta controvérsia e oposição por parte dos profissionais de saúde, mas ainda o Olestra não foi autorizado pelo Ministério britânico da Agricultura, Pesca e Alimentação. Perguntará o leitor: qual a causa de tanto furor?

O único ponto a favor do Olestra é o fato de ser eliminado do organismo tal como é ingerido. No entanto, quando consumido em grandes quantidades, provoca o que delicadamente se designa por "fuga anal". Os indivíduos participantes nos testes do Olestra têm-se queixado de fugas, ou vazamentos involuntários, que têm como consequência roupa interior manchada e sanitários oleosos. Apesar disso, a US Food and Drug Administration, autoridade americana para o controle da alimentação e medicamentos, autorizou sua utilização, desde que os produtos que contenham Olestra tragam o seguinte aviso: "O Olestra pode provocar cãibras abdominais e diarreia". Mais ainda, o Olestra arrasta consigo as importantes vitaminas A, D, E e K, que são lipossolúveis (dissolvem-se em gorduras e óleos), bem como os carotenoides, que desempenham papel vital na proteção do organismo contra os danos dos radicais livres.

Texto 4 – Esqueça as falsas gorduras (continuação)

Portanto, estamos diante de uma substância sintética que, pelo fato de não ser absorvida pelo organismo, impede a absorção de outros nutrientes que são arrastados para fora do organismo. Que situação caricata! O Olestra e outras falsas gorduras não deveriam ser vistos como a cura milagrosa para o crescente problema da obesidade. Os alimentos sintéticos são profundamente insatisfatórios, dado que enviam ao cérebro sinais falsos. As mensagens processadas no centro de controle do apetite tornam-se confusas quando os alimentos que associamos à gordura não contêm nenhuma.

Perdemos o controle da fome, porque os sinais liberados depois de comermos já não são capazes de nos guiar e orientar, no sentido de fazermos as melhores escolhas em termos alimentares. Acabamos por comer "mentalmente", fazendo fé nos rótulos de baixas calorias, como forma de orientação em meio à miríade de alimentos disponíveis. As pesquisas têm mostrado que os produtos *light* e os alimentos sem gordura são tão pouco satisfatórios que acabamos por comer mais qualquer coisa para compensar (o mesmo se aplica aos alimentos produzidos com adoçantes artificiais. Alguns indivíduos se tornam viciados nesses produtos, numa tentativa de satisfazer as suas necessidades de açúcar. A solução não está em ingerir outra lata de refrigerante *diet* ou um iogurte *light,* mas sim em ingerir alimentos que são naturalmente doces).

Muitos dos alimentos que contêm falsas gorduras são altamente processados, produzidos com recurso a um coquetel de emulsionantes, estabilizadores, espessantes e edulcorantes que visam reproduzir a textura e o sabor da gordura perdida. O que é mais uma razão para sua não ingestão. É hora de optar por uma dieta de qualidade e não trocar alimentos reais por pobres imitações do artigo genuíno.

A melhor forma de controlar a ingestão de gorduras é tornar os alimentos naturalmente pobres em gordura (mas ricos em nutrientes), como frutas, vegetais, cereais, pão, massa e arroz, a base dos nossos hábitos alimentares. Depois, acrescente e aprecie pequenas quantidades de alimentos ricos em gordura, desde que a maioria seja de ácidos graxos ômega 3. Por fim, se você gosta de alimentos com gorduras saturadas, não há necessidade de eliminá-los da sua dieta ou, pior, se sentir culpado quando condescende na sua ingestão.

Por que contentar-se com uma barra de chocolate pobre em gordura, quimicamente adoçada, de sabor artificial, quando pode-se regalar com um chocolate belga ou suíço de qualidade superior? Comer um queijo meio gordo "borrachudo" é um insulto às nossas papilas, quando comparado com um realmente excelente, mas pequeno, pedaço do nosso queijo preferido e de primeira qualidade – cheddar, stilton, brie ou parmesão. Deveríamos cuidar da nossa alimentação cozinhando com dedicação, apreciando a qualidade e degustando todo o seu sabor!

Agora responda às seguintes questões:

- Que tal você se saiu?
- Que diferença você percebeu na eficácia das diversas técnicas?

- Sentiu que poderia regredir aos velhos hábitos?
- Alguma das técnicas diminuiu sua velocidade de leitura?

Ao selecionar os melhores métodos de memorização é importante não esquecer que tudo que lemos é diferente e que cada tipo de material necessitará de uma técnica de memorização diferente – dependendo do seu objetivo, de até que ponto está familiarizado com o tema e de quanto tempo dispõe para a leitura.

É importante que as técnicas selecionadas facilitem a memorização e a velocidade de leitura. Pratique e faça experiências com diferentes tipos de texto. Não se esqueça que quanto mais envolvido estiver no que lê, mais fácil se torna memorizar, perceber e compreender o conteúdo. A forma de consegui-lo é não ler só com os olhos.

Leitura multissensorial

Você se lembra da porta de sua casa? Lembra do som que faz ao abrir e fechar? Do cheiro da tinta fresca? Da sensação de ficar trancado do lado de fora? De que cor é? A leitura multissensorial usa tantos sentidos quantos possíveis para ajudá-lo a compreender o significado e absorver a informação.

Algumas ideias sobre como envolver seus outros sentidos na leitura:

- **Visão** – imagine o que está lendo, crie um filme com base na história que estão lhe contando.
- **Audição** – fale com outras pessoas sobre o tema, faça perguntas à medida que lê, ensine alguém, invente rimas e histórias.

- **Tato** – desenhe imagens e símbolos representando a informação. Se a informação é sobre algo que possa fazer, faça-o em vez de apenas ler sobre o assunto.

Quanto mais sentidos envolver na aprendizagem de novos conhecimentos, mais fácil será recordá-los, já que a informação estará acessível por mais de uma função cerebral.

O sistema dos cinco passos e as técnicas de memorização irão funcionar simplesmente ao fazer uso delas. Quanto mais você praticar e quanto mais consciente estiver da sua memória, mais rápida será a sua leitura.

Memória visual e auditiva

A maioria recorda-se com maior precisão dos filmes que viu do que dos livros que leu. A memória visual parece ser muito mais forte do que a memória auditiva.

Para ativar a sua memória visual na leitura, utilize a imaginação para retratar o que está lendo, tão detalhadamente quanto possível. Isso, dependendo do tema, pode ser particularmente difícil com material não ficcional. Quanto melhor conseguir visualizar o que lê, mais fácil será recordá-lo depois. Além disso, como perceberá, à medida que desenvolve sua memória visual e sua compreensão sobre o tema, o quadro torna-se mais nítido.

Esquecimento

Não chega a surpreender que o esquecimento seja a parte mais frustrante da leitura. A sua capacidade de concentração e a técnica de memorização escolhida irão ajudá-lo a recordar o que leu. Mas às vezes, e apesar de tudo, acontece de você se esquecer da informação lida.

Nossa dificuldade em acessar a informação nos dá uma ideia precisa sobre como nossa memória funciona. Às vezes as memórias estão disponíveis (sabemos ter lido algo ou nos recordamos de tê-lo visto, podemos até especificar quando o contatamos pela primeira vez), mas ainda assim a informação não está acessível (não conseguimos nos recordar completamente do fato). Esse fenômeno é vulgarmente descrito como "estar na ponta da língua". A memória de longo prazo está organizada em categorias, à semelhança de um mapa mental: uma coisa lembra-lhe a seguinte e assim sucessivamente. Se os elos entre as associações se quebram, a informação pode tornar-se inacessível ou você pode até esquecê-la por completo.

Fatores que contribuem para o esquecimento

Falta de atenção (o efeito carteirista)

- **Problema** – Se você tem prestado atenção ao que tem lido, já sabe que a atenção é a primeira regra. Você estará dedicando atenção total à tarefa que tem pela frente sempre que não se importar com o que se passa à sua volta. Paradoxalmente, "sonhar acordado" é uma das poucas atividades que levamos a cabo com total atenção. Da próxima vez que perceber que sua mente está ausente, note no que prestou atenção daquilo que o rodeava. Percebeu o ruído normal à sua volta ou se deu conta do movimento das pessoas? Que tal foi a sensação de completo alheamento, com exceção dos pensamentos que tinha em mente?

- **Solução** – Aumente sua concentração. No Capítulo 4 fornecemos uma série de exercícios e de sugestões para você conseguir. No Capítulo 8 daremos ideias de como diminuir as distrações.

Interferências

- **Problema** – As interferências podem ser retroativas ou proativas. As *interferências retroativas* resultam da nova informação que lê. Se pensar em números de telefone, as interferências retroativas ocorrem quando não consegue se lembrar do seu número de telefone antigo porque este foi substituído pelo novo. As *interferências proativas* ocorrem quando a informação antiga interfere com a nova. Tomando de novo o exemplo do telefone, essas interferências se dão quando você não se lembra do seu novo número porque só lhe ocorre o antigo.
- **Solução** – A melhor forma de contornar as interferências retroativas e proativas é descansar entre os diferentes períodos de trabalho. Isso dará tempo para que o seu cérebro consolide a nova informação, separe a informação antiga e integre a nova informação sob a forma de conhecimento atual (salvo se se tratar do seu número de telefone). Depois de fazer uma pausa, reveja o texto para se assegurar de que não confundiu a nova informação com a antiga.

Falta de interesse ou de motivação

- **Problema** – Se você não estiver interessado ou motivado, será impossível recordar-se do que leu. O cansaço contribui para isso. Mesmo quando está trabalhando em algo que lhe interessa, o entusiasmo depressa se desvanece se estiver cansado.

- **Solução** – É importante encontrar algo que o motive, não interessa quão insignificante ou aparentemente pouco relacionado seja com a tarefa que precisa fazer. Tem de haver alguma coisa que o cative. E faça pausas. Faça intervalos com tanta frequência quanto ache necessário, mas no mínimo faça pausas de 10-15 minutos por cada hora ou hora e meia de trabalho.

Relações e associações insuficientes

- **Problema** – Se o tema for especialmente novo para você, pode ser difícil absorver o sentido das ideias. Se não compreende o sentido do que lê, será muito difícil memorizar.
- **Solução** – Sempre que seguir o sistema dos cinco passos, você estará construindo uma estrutura de conhecimento. Quanto maior for a estrutura, mais fácil se tornará formar relações e associações com o novo conhecimento. Despenda tanto tempo quanto necessário no Passo 2 (Pré-visualização); esse passo permite-lhe criar uma estrutura para o material.

Revisão insuficiente

- **Problema** – A memória é feita de vestígios de memória. Esses vestígios vão se apagar se não forem reforçados.
- **Solução** – Uma regra básica é rever sete vezes em dez dias – ou desenvolver um bom sistema de preenchimento. Para você recordar a longo prazo aquilo que leu, use a informação. Como mencionado em "Mitos sobre

a memória", o processo de memorização foi desenvolvido para a utilização da informação e não somente para armazená-la.

Resumo

1. Muito do que julgamos saber sobre o funcionamento da memória tem por base alguns mitos.

2. Informação em excesso torna-se uma fonte de estresse porque não aprendemos novas técnicas para lidar com esta situação.

3. As quatro regras para adquirir memória são:

- Prestar atenção
- Planejar o que tem de fazer
- Interessar-se pelo que está fazendo
- Ser ativo – usar todos os sentidos na leitura

4. A compreensão é a chave para a memorização do que lê.

5. Experimente técnicas diferentes de memorização do que está lendo. Cada tipo de texto deve ter uma abordagem diferente.

6
Conteúdo do texto

Neste capítulo você vai aprender:

- como ler diferentes tipos de texto
- como avaliar um texto por meio de uma leitura crítica

Ler diversos tipos de texto por razões diferentes

Você analisou o sistema de leitura dos cinco passos e deu atenção à leitura rápida e ao desenvolvimento da memória. Agora chegou o momento de olhar para o que leu e aprender a aplicar as diferentes técnicas de leitura para garantir que tirará o máximo proveito delas.

A forma como você aborda um documento (livro, jornal, memorando, seja o que for) deve ser determinada por seu objetivo. Por que está lendo esse material? Quando vai utilizar a informação?

Material técnico

Este tipo de leitura é razoavelmente fácil, porque a maior parte da escrita técnica está bem estruturada. Além disso, raramente você precisa ler e memorizar tudo o que leu, pois se voltar a precisar de informação do texto poderá quase sempre consultá-lo de novo. Aplique integralmente o sistema dos cinco passos a este tipo de leitura e utilize uma técnica de memorização que funcione bem para você. Tente mapas mentais. Se não os aprecia, tente um mapa de procedimento, que será explicado mais adiante. Essas técnicas lhe permitem ver como a informação, as ideias e as práticas estão relacionadas e que efeito têm umas nas outras.

Não ficção por prazer

Esta é talvez a mais fácil de todas as leituras de não ficção, pois você já está relaxado e interessado no assunto (o estado ideal de aprendizagem). A maior parte da não ficção, como a escrita técnica, está bem estruturada, portanto o sistema dos cinco passos pode ser aplicado imediatamente.

É fácil ficar absorvido em leituras "relacionadas com o trabalho" e não deixar algum tempo para leituras de lazer e outras que permitam ampliar a sua cultura geral. Assim que se sentir confortável em ler depressa e com o sistema dos cinco passos, poderá chegar à conclusão de que esse é o tipo de material ideal para praticar. Desfrute o tempo que tira para esse tipo de leitura. Se você tem muito trabalho para fazer, pode sentir-se desconfortável ou culpado em relação ao fato de dedicar algum tempo a leituras de lazer, apesar de serem não ficcionais. Uma boa forma de contornar isso é fazer com que o aumento da sua competência de leitura seja um objetivo, com a intenção de passar a ser capaz de ler material de trabalho de forma mais eficaz. Se ler sempre apenas texto que é difícil ou que o aborrece, a sua paixão pela leitura vai desaparecer rapidamente. Arranje tempo para ler o que quer ler.

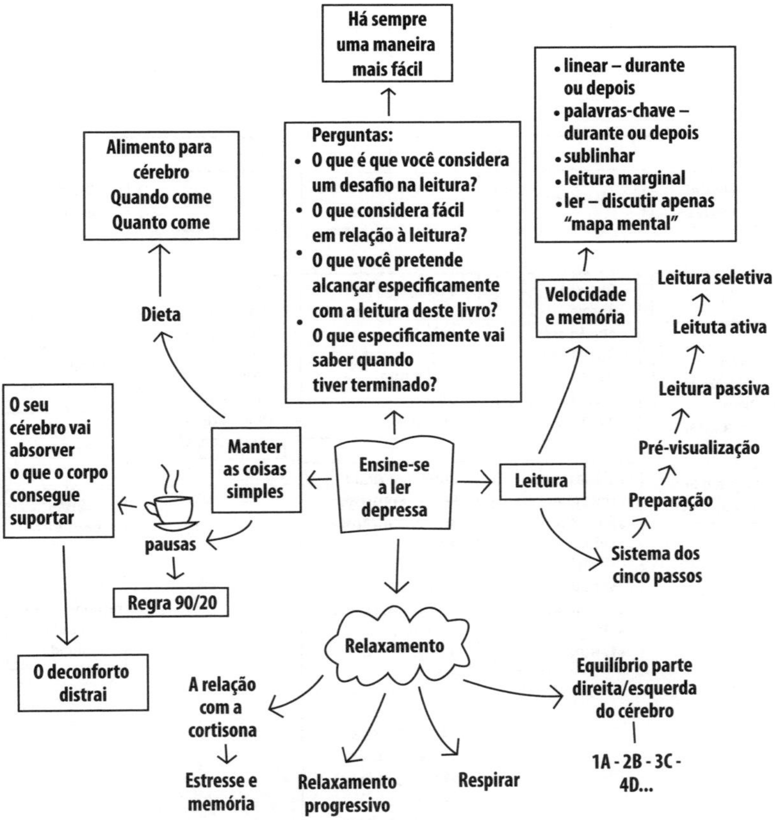

Mapa mental feito à mão

Ler para pesquisa

O que é bom em relação à leitura de pesquisa é que o seu objetivo normalmente está muito bem definido e você procura algo bem específico. Aplique o sistema dos cinco passos e siga as diretrizes para ler com a finalidade de estudar que se encontram no Capítulo 10, "Trabalhar e estudar". Se você estuda e trabalha ao mesmo tempo, o Capítulo 10 vai lhe fornecer técnicas para organizar todas as suas leituras, desde o início do curso até o exame final.

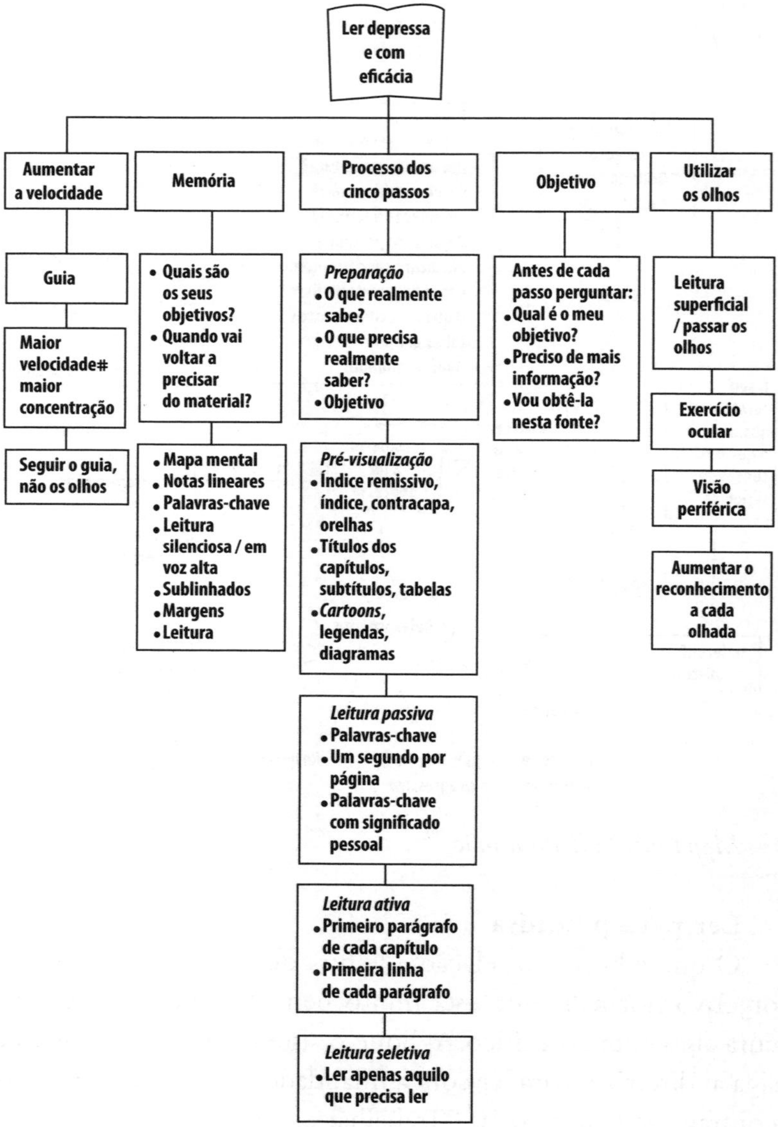

Mapa de procedimento da mesma informação feito à mão

Leituras de trabalho

Esta seção é particularmente dedicada aos *e-mails* e correspondências em geral, como memorandos. A regra aqui é: **seja seletivo.**

O problema com as leituras relacionadas com o trabalho é que pode haver uma atividade vinculada a cada documento. Antes de ler seja o que for – especialmente se for longo e considerar que lhe vai ocupar algum tempo, ou se lhe parecer que "dorme" frequentemente em sua mesa –, faça algumas perguntas:

- Quem quer que eu leia o documento?
- Por que querem que o leia?
- O que é provável que eu tenha de fazer com a informação depois da leitura?

Uma vez constatado que você tem boas razões para ler os documentos, siga estes passos:

- **Decida quanto tempo** vai dedicar à leitura de *e-mails* e correspondências.
- **Pré-visualize os documentos** com um ponto em mente: isto pode ir para a reciclagem? Depois divida-os em dois grupos: um vai diretamente para a pilha da reciclagem e o outro requer mais atenção.
- **Leia passiva ou superficialmente** todos os documentos na pilha que exigia mais atenção e faça uma interrogação a cada um deles: isto pode ser arquivado ou requer alguma ação? Coloque à parte a pilha dos documentos prontos para arquivar.
- **Leia ativamente** o monte que sobrou. Utilize *Post-it* para tomar notas ou escreva diretamente nos documentos as ações que é preciso tomar.

- Finalmente, **planeje as ações** ao longo do dia ou da semana. Depois, coloque os documentos relevantes na pilha certa, de modo que possa encontrá-los facilmente quando necessitar deles.

Lembre-se da política da mesa limpa – tenha em sua mesa só papéis de que necessita para a sua tarefa atual.

Jornais

Não se esqueça de que esta seção não se aplica à leitura descontraída e fortuita dos jornais de domingo, a não ser que assim o deseje.

A leitura de um jornal deve ser abordada com a mesma preparação que qualquer outra leitura. O sistema dos cinco passos funciona bastante bem para os jornais. No entanto, poderá não ser necessário seguir todos os cinco passos por ordem. Pode ler um jornal muito depressa ao seguir três passos muito simples:

1. Especifique o seu objetivo – Você está lendo para ter uma visão geral de todo o jornal ou está à procura de uma história em particular?

2. Pré-visualize e faça uma leitura passiva de todo o jornal olhando para os títulos e lendo o primeiro parágrafo de todas as histórias que lhe parecerem interessantes. Faça um círculo em volta dos artigos aos quais quer voltar mais tarde.

3. Leia ativamente os artigos selecionados para obter a informação que deseja.

Para ler jornais eficazmente:

- Estabeleça um limite de tempo e cumpra-o.
- Leia a continuação das histórias (muitas vezes em outras

páginas) quando chegar a elas. Esse é um bom indicador do nível de atenção que você dá à leitura do jornal. Se quando for ler a segunda parte de uma história, depois de ter lido outras páginas do jornal, não conseguir se lembrar dos pormenores da primeira parte, faça uma pausa.

- Como normalmente a maior parte dos fatos está nos primeiros parágrafos, comece a ler com bastante rigor o início de cada uma das histórias que selecionou e depois acelere e faça uma leitura rápida do resto, recolhendo as informações que considere relevante.
- Interrogue-se:

– Qual é a posição do jornal em termos de orientação política?

– Já tinha lido antes artigos de determinados jornalistas? Gostou do estilo ou da abordagem?

– Este é o melhor jornal para ler, tendo em conta os meus objetivos?

Ao contrário de muitas outras formas de escrita, uma história em um jornal pode ser facilmente dividida em partes. Uma narrativa o leva do início da história até o final e, se saltar alguns trechos, poderá perder parte do significado. Mas um jornal não é uma unidade. Uma história pode ser lida ainda que faltem algumas partes – poderá perder alguns detalhes, mas a história permanecerá a mesma. Muito poucas interpretações podem ser feitas a partir da maior parte das histórias dos jornais: são acontecimentos verdadeiros que envolvem pessoas verdadeiras – aos quais é dada, muitas vezes, uma "orientação" editorial, um estilo ou abordagem pelo jornal ou pelo jornalista.

Revistas

As revistas (em particular as revistas especializadas ou comerciais) são ligeiramente diferentes dos jornais. O jornal é uma das muitas fontes de informação. Se lhe escapar alguma coisa no jornal, provavelmente poderá seguir a história pela televisão, pelo rádio ou pela internet. Mas a maior parte das revistas sai apenas uma vez por mês ou uma vez por trimestre. Uma revista deve ser tratada como um pequeno livro de textos. Siga todos os passos do sistema de leitura dos cinco passos para extrair a melhor informação possível. Se houver informação na revista que provavelmente você vai voltar a usar, há várias coisas que pode fazer para torná-la facilmente acessível:

- Leia a revista com um caderno à mão. À medida que encontrar artigos que considere interessantes, marque o número da página e o título e escreva um breve resumo (apenas uma frase ou duas) num *Post-it.* Cole a anotação na capa e guarde a revista num arquivo dedicado a "artigos interessantes".
- Se não quiser guardar a revista toda, arranque as páginas relevantes ou fotocopie os artigos que quer e arquive-os com um breve resumo sobre o assunto do artigo.
- Uma informação muito útil que você pode colocar num *Post-it* é a razão pela qual considerou que o artigo pode vir a ser útil mais tarde. Quando voltar aos artigos depois de algum tempo, será mais simples encontrá-los por ordem de prioridade. Com essa informação adicional também será mais fácil percorrer o arquivo para ver aquilo de que já não necessita e que pode ser jogado fora.
- Seja seletivo. A maior parte do material das revistas tem interesse. Muito provavelmente você nunca será testado

em relação ao material, mas poderá querer falar sobre o assunto. Selecione os artigos que lhe interessam e pense em como o que acabou de ler se encaixa nos conhecimentos que já tem.

Romances

Quanto mais ler, maior será a sua velocidade de leitura. A capacidade de ler depressa vai possibilitar-lhe a escolha de ler na velocidade que deseja.

Se você gosta de romances e quer ler mais, poderá considerar esta estratégia útil:

- Pré-visualize o livro meticulosamente (excluindo a história em si) – olhe para a capa e para a contracapa, leia as notas do autor, a biografia e o prefácio, preste bastante atenção à foto do autor, caso haja uma. Gosta do estilo do autor? Gosta do seu aspecto? O resumo na contracapa o atrai? O que fizer nessa fase vai determinar o seu estado de espírito em relação ao livro. Sua atitude vai influenciar a sua apreciação do livro, se vai gostar ou não.
- Em seguida, leia a primeira página. Ela conquistou a sua atenção?
- Se a resposta for positiva e o livro tiver passado no seu teste de pré-visualização, então continue a ler e desfrute-o. Caso contrário, folheie o livro procurando palavras-chave e leia algumas primeiras frases de cada capítulo. Se ainda assim o livro não lhe despertar a imaginação, pode decidir não lê-lo.
- Se decidir ler um romance, mas não tiver muito tempo, então pratique "leitura seletiva na hora" (ver boxe abaixo). Esta técnica é para romances ou trechos de texto

muito curtos que não necessitam do tratamento completo do sistema dos cinco passos.

- Se você ficar entediado com a história no meio do livro, permita-se não continuar a ler. Se o narrador não o estimula, não tem de continuar.

Leitura seletiva na hora

À medida que você lê um romance, procure apenas as partes do texto nas quais se dá o desenrolar da história. Leia superficialmente as descrições. Na maior parte dos romances, a ação decorre no diálogo entre os personagens. Com a continuação da leitura você vai ficando familiarizado com o aspecto gráfico e será capaz de identificar onde começa e onde acaba o texto descritivo. Se realmente começar a gostar do romance e quiser ler tudo, pode mudar de técnica e atenuar um pouco para apreciar o cenário.

E-mails

Os *e-mails* podem ser uma bênção ou uma maldição, dependendo de quem os envia. A regra número um com o correio eletrônico é fazer aos outros aquilo que gostaria que lhe fizessem.

Se você não quer receber cartas, comunicações e toneladas de lixo ou *spam*, não envie nenhum a não ser que seja absolutamente necessário. Se alguém lhe manda constantemente *e-mails* que não deseja, sejam piadas, sejam correntes ou grandes histórias, seja direto e peça-lhe para não o fazer. Trate os *e-mails* como o correio tradicional. Se você sabe já de início que é lixo, bote fora antes mesmo de abrir.

Uma boa forma de analisar o seu correio eletrônico é utilizar a opção que lhe possibilita visualizar a "caixa de entrada" dividida. A metade superior tem a lista de todas as mensagens, e a inferior permite-lhe ler o *e-mail* sem ter realmente de abri-lo. Isso poupa tempo. Alguns provedores têm uma função de pré-visualização que deixam ver apenas as primeiras palavras, o que também representa uma economia de tempo.

Se o *e-mail* tiver anexos e você precisar lê-los depressa, talvez seja melhor imprimi-los. Se prefere ler na tela do computador, no Capítulo 9, "Ler no mundo real", há algumas ideias de como fazer isso sem esforçar os olhos. Também há algumas sugestões para evitar a fadiga ocular no Capítulo 7, "A sua visão e a leitura eficaz".

Instruções

O planejamento é determinante quando você está lendo instruções. Contrariamente ao que acontece com outro tipo de leitura, quase todas as palavras são importantes nas instruções. Se você pular ou não entender uma ou duas, pode não conseguir atingir o que quer. A maioria dos redatores de instruções escreve de forma que sejam rápidas e fáceis de seguir, mas nem sempre rápidas e fáceis de assimilar. Lembre-se de que algumas instruções são traduzidas de uma língua estrangeira e podem nem sempre ser totalmente claras ou precisas.

Algumas dicas para ler instruções:

- Leia o documento das instruções do princípio ao fim antes de fazer alguma coisa. Vá desde a primeira etapa até o final; não perca nada. Se lhe parecer muita coisa ou muita atividade, acalme-se e reúna toda a informação que precisar antes de tomar qualquer atitude.

- Na primeira vez que ler as instruções, divida a tarefa em fases que sejam fáceis de administrar e que se relacionem com a forma como quer gerir o tempo quando executar a tarefa.
- Se houver algumas imagens, analise-as.
- Quando tiver lido as instruções e quando perceber o que vai fazer, certifique-se de que tem tudo de que necessita para a tarefa.
- Depois de ter reunido todo o material de que precisa (ferramentas, equipamento e orientação), volte a ver as instruções, dessa vez concentrando-se em cada uma das fases que identificou no primeiro passo.
- Faça uma coisa de cada vez. No entanto, quando estiver seguindo uma etapa, tenha já uma ideia da fase seguinte para compreender sua posição em relação ao seu objetivo.
- À medida que vai avançando, marque as tarefas executadas.
- Se você chegar a uma fase que não compreende, pense em algo que executou no passado que seja semelhante à tarefa que está fazendo. Veja as imagens relacionadas e continue, a não ser que sinta que, se continuar, o resultado será desastroso. Nesse caso, pare. Contate o produtor ou alguém que possa ajudá-lo.
- Quando terminar, ofereça a si próprio uma recompensa.

Seguir instruções é muito parecido com seguir direções. Quando se consegue visualizar o produto final ou o destino, completar a tarefa é muito mais fácil.

Se ainda tiver problemas com algum tipo de texto técnico

Se alguns parágrafos forem confusos, assinale-os e continue.

Se o sentido não for claro à medida que você continua a ler, volte atrás e torne a lê-los com mais cuidado. Confirme com outras fontes.

Se, no entanto, se sentir ainda mais confuso à medida que lê o texto, pode ter perdido uma palavra-chave ou ideia da passagem.

Se isso ocorrer:

- Pare.
- Faça uma pequena pausa.
- Reavalie o seu objetivo.
- Siga cuidadosamente os quatro primeiros do sistema dos cinco passos.

A leitura seletiva pode ser muito lenta e frustrante se você perder o sentido do texto.

Leitura crítica

Um dos objetivos da leitura crítica tem a ver com a avaliação do texto. O objetivo é avaliar todo o texto ou o argumento, descobrir os propósitos do autor e julgar no final se estes foram bem-sucedidos. Aqui estão algumas orientações para uma leitura crítica:

- Leia com a "mente aberta"
- Conheça a sua opinião antes de começar, para não ser muito influenciado pelo argumento do autor.

- Não tire conclusões precipitadas
- Continue a fazer perguntas

Para ler criticamente, é útil compreender a linguagem crítica. No capítulo 11, "Informação útil e teste prático de velocidade", há uma lista de linguagem crítica com espaço para acrescentar definições.

Ler de forma crítica e eficaz com a "mente aberta" envolve o seguinte:

- Perceber o significado literal do texto. Ter a certeza de que você compreende como os nomes, datas, números e fatos se inter-relacionam.
- Em seguida, procurar o significado sugerido para palavras e expressões.
- Reconhecer o tom. O autor está sendo sarcástico, honesto, factual ou extravagante?
- Imaginar de que trata o livro e procurar eventuais lacunas na história.
- Procurar comparações, metáforas, analogias, clichês ou outras figuras de estilo.
- Uma vez recolhida toda a informação necessária, fazer uma avaliação. O autor foi bem-sucedido no que se propôs fazer? Você está convencido com o argumento apresentado? Caso contrário, apesar de não concordar com o autor, pelo menos está satisfeito com a forma como o raciocínio está estruturado? O que seria necessário para convencê-lo? Se o autor falhou, por quê?

Tanto a ficção como a não ficção estão abertas a avaliações críticas. O conselho que se segue irá ajudá-lo, mas é crucial lembrar-se de que cada categoria tem um vasto leque de tipos de material e as perguntas sugeridas não se aplicam a tudo o que lê.

Avaliar a não ficção

Siga os seis passos enunciados logo acima e interrogue-se um pouco mais:

- Quais são os pressupostos do autor?
- Quais provas apresenta?
- São convincentes?
- Os argumentos de causa e efeito estão realmente relacionados uns com os outros?
- A conclusão é lógica?
- O que o autor escreve é mais uma questão de opinião do que de investigação?
- A escrita é emotiva?
- Que conclusões se podem tirar?

Avaliar a ficção

Uma avaliação de obras ficcionais baseia-se, essencialmente, em ter gostado ou não do texto e não tanto em fatos ou no que se sabe sobre o tema. A ficção pode conter alguma informação factual, mas é diferente da não ficção, pois contém suposições e poucos fatos.

Algumas perguntas que você deve fazer quando lê ficção:

- A história é crível? Ainda que seja rebuscada e imaginativa, acredita que seria possível?
- Os personagens e os acontecimentos são verossímeis? Têm um objetivo ou parece que existem apenas para interferir na narrativa?
- Os conflitos são justificados ou a história sucumbiu à violência sem razão aparente?

- Os personagens são superficiais? Você chega a conhecê-los? O autor os desenvolveu bem?
- A narrativa tem um fio condutor ou você se pega questionando se a história vai chegar a algum lado?
- O enredo flui?
- Você está envolvido na história e interessado?
- É fácil parar de ler?

Ler de uma forma crítica irá dar-lhe uma visão do real valor do texto. Se você chegar à conclusão que é nulo, não desperdice o seu tempo e ponha o livro de lado.

Resumo

1. Tudo que você lê deve ser analisado individualmente. Quando começar, questione-se: por que estou lendo isto? Quando é que, provavelmente, vou voltar a precisar destas informações? Quero lembrar-me de tudo o que li? Estou lendo apenas como referência?

2. Se você gosta de ler romances, arranje tempo para ler tantos quantos quiser. São excelentes para melhorar as suas aptidões de leitura visual e para ajudá-lo a ler mais depressa.

3. Seja crítico, mas mantenha a "mente aberta" quando lê. Lembre-se de que tanto o leitor como o autor podem errar.

7
A sua visão e a leitura eficaz

Neste capítulo você vai aprender:

- as regras básicas de ler depressa
- como ler e compreender
- como cuidar dos olhos com exercícios e nutrição
- como prevenir e tratar a "vista cansada"
- como ler em uma tela de computador

Os olhos são a sua ferramenta de leitura mais importante. Qualquer desconforto ou tensão afetará imediatamente a concentração. Se você estiver cansado ou se a iluminação não for a correta, é natural que tenha uma sensação de desconforto nos olhos, podendo seguir-se uma dor de cabeça. Pouco depois de começar a sentir dores de cabeça, você se verá perdendo a concentração, e a leitura irá tornar-se mais difícil. Os problemas de visão são mais fáceis de prevenir do que de tratar devido aos maus hábitos. As pessoas que sofrem frequentemente de problemas de vista cansada devem consultar um oftalmologista, caso não o tenham feito recentemente. Alguns problemas dos olhos estão associados a condições clínicas; pergunte ao seu médico o que ele pensa da relação entre a visão e a saúde geral.

As explicações e os exercícios deste capítulo irão fornecer-lhe uma compreensão da função dos seus olhos enquanto lê.

As regras básicas para ler depressa

A principal razão pela qual a maioria das pessoas tem uma velocidade média de leitura de 150 a 250 palavras por minuto deve-se ao fato de esta ser a velocidade média de que falamos.

À medida que você ler este parágrafo, preste atenção ao que vai se passando em sua mente. Ouve uma voz enquanto lê? Está repetindo as palavras na sua cabeça? Isso se deve à forma como a maioria foi ensinada a ler.

Quando nos ensinam a ler, aprendemos a reconhecer uma letra ou som de cada vez; quando dominamos essa parte, avançamos para o reconhecimento de uma palavra de cada vez. O passo seguinte é sermos capazes de ler em voz alta para que o professor possa confirmar que aprendemos a reconhecer as palavras corretamente. Depois, passamos a ler para nós próprios.

É assim que a voz interior de leitura se torna um hábito. Em vez de lermos em voz alta, lemos silenciosamente. Quando falamos em ler com os ouvidos, em vez de com os olhos, é exatamente a isso que nos referimos. Aprendemos que temos de ouvir as palavras para compreendermos o que lemos, em vez de entendermos o que vemos.

Quando lê para si próprio, você lê interiormente na mesma velocidade que lê em voz alta. A princípio, lermos para nós próprios é bastante moroso, porque ainda estamos aprendendo a reconhecer as palavras. Quanto mais lemos e avançamos no sistema educativo, mais a velocidade de leitura aumenta, porque o nosso vocabulário aumenta também, mas a nossa estratégia de leitura não se altera.

Ouvidos ou olhos?

Enquanto o seu processo de leitura for ler repetindo interiormente cada palavra "em voz alta" para si próprio, será capaz apenas de ler tão rápido quanto consegue falar. Para a maioria, isso equivale a cerca de 150 a 250 palavras por minuto.

Só conseguimos ouvir ou dizer uma coisa de cada vez, mas conseguimos ver milhões de coisas simultaneamente. Aprender a ler depressa implica aprender a utilizar, de forma mais eficaz, uma das maiores e mais importantes zonas cerebrais: o sistema de visão.

Aprender a ler com os olhos em vez de com os ouvidos será o maior passo que você dará no sentido de aumentar significativamente sua velocidade de leitura.

A leitura é o exercício visual que fazemos mais lentamente. Olhe para o exterior, através da janela mais próxima, durante três segundos, depois feche os olhos e descreva "falando" o que viu. Quanto tempo levou para ver o que viu e quanto tempo levou enumerando o que viu? Falar interiormente enquanto lê é o mesmo que olhar uma paisagem espetacular ou ver um filme e, em vez de entendê-lo visualmente, traduzir o que vê em palavras. Estas levam bem mais tempo para formar, comunicar e, por fim, ser entendidas pelos outros.

A memória visual e a memória auditiva estão localizadas em partes diferentes do cérebro. Quando você lê lentamente, dando-se tempo para ver todas as palavras e para ler com os ouvidos, está acessando a memória auditiva, sediada na parte frontal esquerda do cérebro. Essa é a forma menos eficaz de armazenar as memórias intermediária e de longo prazo.

Quando você começa a aprender a ler com os olhos em vez de com os ouvidos, sua compreensão diminui numa fase inicial, porque começa a usar sua forte memória visual, para a qual não está habituado. O seu cérebro necessita de tempo para se ajustar a essa nova atividade. Isso é perfeitamente normal. Após algumas horas iniciais de prática e cerca de 15 minutos diários durante alguns dias, você descobrirá que a capacidade de compreensão voltará ao que era. Sua memória irá tornar-se mais confiável do que antes. Esse processo é semelhante ao que ocorre quando você deixa de digitar com um só dedo olhando para o teclado porque finalmente aprendeu a datilografar.

Ler para compreender

O objetivo de ler depressa é aprender a ler mais do que uma palavra de cada vez e, para consegui-lo, você terá de ler com os olhos em vez de com os ouvidos. A sua compreensão aumentará à medida que sua velocidade aumentar, porque, quando lê mais que uma palavra de cada vez, você lê frases em vez de palavras isoladas. A mensagem que o autor quer transmitir está precisamente na frase e não nas palavras isoladas.

O significado está contido em grupos de palavras, razão pela qual quanto mais palavras você for capaz de compreender de cada vez, melhor será a sua compreensão, entendimento e subsequentemente memorização. Compreenderá melhor porque está lendo em termos de ideias, pensamentos e imagens, em vez de palavras isoladas, que nada significam por si só.

Um exercício que lhe proporemos mais à frente neste capítulo irá ajudá-lo a aumentar a sua confiança para ler com os olhos em vez de com os ouvidos.

O desafio biológico

Seus olhos movem-se muito rapidamente; conseguem processar grandes quantidades de informação com rapidez. Quando você lê devagar, seus olhos tendem a se dispersar. O recurso ao marcador é um importante aliado na prevenção desse fenômeno. Lembra-se do exercício proposto no Capítulo 2, que demonstra como os olhos se movem de forma diferente quando têm algo para seguir? Volte atrás e refresque a memória caso seja necessário.

Alguns movimentos oculares podem ser combatidos, outros não:

1. Tempo de fixação. Os seus olhos necessitam de algum tempo para absorver informação. Experimente o seguinte da próxima vez que viajar de carro como passageiro: enquanto estiver em movimento, mantenha o olhar fixo num ponto, não se deixando distrair por nada além do que vê pela janela. A visão tornou-se desfocada? Em seguida, à medida que o carro continua a avançar, selecione porções da paisagem e siga-as por instantes. Você notará que aquilo que observa se torna claro e o cenário se torna desfocado. O mesmo se aplica à leitura. Os seus olhos precisam descansar – ainda que por meros instantes – sobre grupos de palavras, de forma que possam vê-los. Quantas mais palavras você for capaz de ver e reconhecer com um simples "vislumbre", mais depressa será capaz de ler.

2. Visão periférica. Faça a seguinte experiência: coloque o dedo no centro da página e fixe esse ponto. O que mais consegue ver à sua volta? Onde está sentado? Talvez a sala em que se encontra ou algo mais em redor? A visão periférica dá-lhe a possibilidade de ver uma enorme quantidade de coisas num simples "vislumbre". Agora, sem tirar os olhos do centro da página, tente ler as palavras nas pontas da folha. Como se saiu?

Você vai descobrir que, apesar de ser capaz de ver as palavras, talvez não tenha sido capaz de as ler. Quando o ensinaram a ler, ensinaram-no a focar uma palavra de cada vez. Ser capaz de alargar o que reconhece dentro do campo de visão periférica requer prática. Mais adiante nesta seção estão alguns exercícios que vão ajudá-lo a aumentar sua visão periférica – poderá praticar alguns deles enquanto anda pela rua.

3. Regressão e progressão. Estes são cacoetes visuais. São os resultados de uma concentração fraca e da falta de confiança em sua memória. A **regressão** refere-se ao hábito de retroceder algumas palavras, ou mesmo parágrafos, para se certificar de que compreendeu o seu conteúdo ou que o recorda com precisão. A **progressão** relaciona-se ao hábito de avançar no texto, sem nenhuma razão aparente.

> Nos Estados Unidos foram realizados estudos sobre a forma como os olhos se movem durante a leitura. Distribuíram-se textos a diversos grupos de indivíduos. No fim da página de teste estava impressa a cifra "$3.000.000,00". Antes de alcançar metade da página, os olhos dos leitores se moviam para o fim do texto, tentando descobrir a que a cifra "$3.000.000,00" dizia respeito.
>
> Em termos de perda de tempo, os resultados desse tipo de ação são vários:
>
> - Você acaba se esquecendo do que acabou de ler.
> - Sua compreensão diminui drasticamente porque está lendo algo fora do contexto. Aprender a ler com os olhos em vez de com os ouvidos será o maior passo

que você dará no sentido de aumentar significativamente sua velocidade de leitura.

Ler com a ajuda do marcador e seguir o sistema dos cinco passos vão permitir-lhe melhorar os seus hábitos de leitura. Os exercícios seguintes dão uma ajuda.

Exercite seus olhos

A visão é uma competência que pode ser aprendida. A maioria das pessoas nasce com uma visão perfeita. Mas, inicialmente, nossa visão é turva e a nitidez se desenvolve com o crescimento. Muitas experiências sobre o desenvolvimento da visão têm sido realizadas.

Você sabia?
Alguns pesquisadores são da opinião de que a maioria dos problemas de visão é causada por relaxamento e distensão dos músculos ópticos, e que a miopia, a hipermetropia, o astigmatismo e outros problemas de visão podem ser tratados por uma série de exercícios. William Bates, um oftalmologista nova-iorquino, começou por questionar a forma como os problemas de visão são diagnosticados e tratados e desenvolveu novas abordagens sobre as dificuldades de visão. Começou por curar-se a si próprio, pois sofria de presbiopia. Seu trabalho está bem documentado; alguns dos exercícios que desenvolveu são descritos no seu livro e são excelentes para aliviar a contração ocular que, segundo Bates, é a principal causa de muitos problemas de visão.

Aumentar o alcance de reconhecimento da sua visão periférica

Quando aprendemos a ler, nós o fazemos pelo reconhecimento individual de partes de palavras. Isso implica que a nossa leitura seja sempre um tanto quanto fragmentada. Se você se recorda de quando inicialmente aprendeu a ler, vai se lembrar de que tinha de "partir" cada palavra, a fim de captar o seu sentido. Algo do tipo:

1 2 3 4 5 6 7 8 9 10 11 12 13 14 15 16 17 18 19 20 21 22 23
L e r u m a p a l a v r a d e c a d a v e z é
24 25 26 27 28 29 30 31 32 33 34 35 36 37 38 39 40 41 42 43 44 45 46 47
u m a p e r d a d e t e m p o e d i m i n u i a
48 49 50 51 52 53 54 55 56 57 58 59 60 61 62 63 64 65 66 67 68 69 70 71 72
c o n c e n t r a ç ã o e a c o m p r e e n s ã o

Gradualmente você foi aprendendo a juntar as letras, mas ainda assim só focava uma palavra de cada vez:

1 2 3 4 5 6 7 8 9 10 11 12 13
Ler uma palavra de cada vez é uma perda de tempo e diminui
14 15 16 17 18
a concentração e a compreensão

O objetivo é aumentar o seu espectro visual para que leia mais que uma palavra de cada vez e aumente sua velocidade de leitura:

1	2	3
Ler uma palavra De cada vez	é uma perda de tempo e diminui	a concentração e a compreensão

Quanto maior for a quantidade de texto que conseguir reconhecer num só vislumbre, mais fácil e mais visual se tornará a sua leitura:

1	2
Ler uma palavra de cada vez é uma perda de tempo	e diminui a concentração e a compreensão

Nosso objetivo final é conseguir ler mais que uma linha de cada vez:

1

Ler uma palavra de cada vez é uma perda de tempo
e diminui a concentração e a compreensão

Você encontrará na página 167 um exercício para desenvolver essa competência.

Exercite direções

Na pirâmide de números e letras do Exercício 1 apresentado a seguir, concentre-se nos símbolos (#) colocados na coluna central da pirâmide. O objetivo é apurar quanto você consegue ler com a sua visão periférica. Escreva o que consegue ver. Embora sinta tendência para olhar para as extremidades das linhas, tente manter os olhos fixos na coluna central. Poderá se dar conta de várias coisas:

- Talvez não consiga ver algumas letras e números nas linhas mais longas. Isso é normal. Há um ponto em que o seu nervo óptico "entra no olho", criando um ponto morto.
- Se os seus olhos são igualmente fortes, você notará que consegue ver mais à direita da coluna central do que à esquerda. Isso se deve ao fato de lermos da esquerda para a direita e os nossos olhos estarem condicionados para ler nessa direção a cada linha de texto. Se tivesse aprendido a ler em árabe ou hebraico, provavelmente aconteceria de ver mais à esquerda da coluna central do que à direita.

Exercício I

Coloque o seu marcador sobre o primeiro símbolo central e desloque-o para baixo ao longo da coluna central da pirâmide. Mantenha os olhos nos símbolos ao centro. O que consegue ver de cada lado da coluna central, sem desviar os olhos dela?

S # P

2 E # 7 E

d R 8 # E 5 a

D 2 5 I 5 # n G 5 8 9

6 B 2 9 o 6 3 # R 8 3 4 2 N I

3 9 g 9 2 E 5 4 n # 8 5 2 i 4 u S 7 p

Exercício 2

Siga as instruções fornecidas para o Exercício 1. Desta vez mantenha os olhos na coluna central de letras. O que consegue ver para cada lado?

WG	H	PF
KD	T	OL
VS	K	DA
YO	E	NL
PZ	R	NJ
5S	I	B9
QP	K	BS
MG	T	MK
MO	R	EP
KR	X	KF

Exercício 3

Siga novamente as instruções dadas para o Exercício 1. Desta vez mantenha os olhos nas palavras colocadas na coluna central.

se ao menos	existissem	braçadeiras mas
uma vez uma	abelha	nadou numa
corrida	de três	pernas ele
ficou a metade	do caminho	para o outro
lado do	copo de cerveja	mas estava
bêbado	e nunca	foi visto
outra vez	a vespa	ganhou por
defeito	a mosca	perdeu a
aposta	e ninguém	vive para
sempre	mas	quem sabe.

Você achou as palavras mais fáceis de ler do que as letras aleatórias? As palavras por si só não fazem muito sentido. Tente o próximo exercício.

Exercício 4

Agora você está começando a ler mais que uma palavra de cada vez. Leia o texto tão rápido quanto possível mantendo os olhos apontados para o centro da pirâmide.

Um
besouro
amava
certa lebre
E com ela deambulava
por todo lado;
Eles iam a feiras
e festas juntos,
Davam passeios qualquer que fosse o tempo,
Falavam do futuro
e do passado
Em dias ensolarados ou nublados,
Mas como a sua amizade era tão agradável,
Viviam a maior parte do tempo no presente.

(Traduzido de "The eagle and the beetle", de Vikram Seth, em *Beastly tales from here and there,* Phoenix House)

Leia com os olhos em vez de com os ouvidos

O próximo exercício ilustra a diferença entre ler com os ouvidos (leitura auditiva) e ler com os olhos (leitura visual). Quanto mais você exercitar a leitura visual, mais à vontade se sentirá para confiar no que vê sem ter de ouvi-lo.

Exercício 5

Experimente a leitura auditiva e a leitura visual:

1. Corte um quadrado de cartão grosso com cerca de 2 cm de lado.

2. Coloque o cartão sobre cada conjunto de números e/ ou letras do quadro da página seguinte e mostre a si mesmo as combinações de letras e números tão rápido quanto possível.

3. Depois de cobrir cada um deles, anote na coluna adjacente o que viu.

4. Tente manter constante o ritmo a que expõe os números e as letras. Se começar por mostrar a primeira coluna à velocidade de um conjunto por segundo, tente manter essa velocidade até alcançar a última coluna.

Confirme agora as suas respostas relativamente aos caracteres impressos:

- Qual das colunas foi mais fácil?
- Trocou alguma vez o "S" Pelo "5"?
- As linhas duplas foram mais difíceis do que as linhas simples?
- Os conjuntos de letras que mais se assemelhavam a palavras foram mais fáceis de reconhecer e memorizar?
- Você errou em algum conjunto de "não palavras", dada a sua semelhança com palavras? Ou seja, viu as primeiras letras e inventou o resto? [Por exemplo: anotou Joh**n** em vez de Joh**m**?]

Desenvolva os seus próprios exercícios, à semelhança dos que acabou de fazer, e pratique tanto quanto possível. Se você quiser escolher apenas um exercício para desenvolver a sua leitura visual durante o seu programa de 21 dias (ver Capítulo 12), dê preferência ao Exercício 5.

143	Emc2
146	Lsp5
Heg	wini
37R	rQwg
63I	6The
53L	Hare
Jo4	M23p
ThR	Luck
2h7	7play
Jon	u89UN
8Em	Pking
Em2	43Jub
492	krimb
hEp	HatrP
Gep	53Mot
9UB	buton
PL3	82L87
pl3	Ep26l
Tj4	Grand
96F	Fa6me
ly8	Noma
iokO	Meok1

tdp 3Pq	inki blt9
3owm olp	286r wom8
tap cim	unlw te4q
536 592	wim2 241y
per ith	tolp 154r
kin min	tosi 90Pp
map 43T	76yz jipx
yat wea	Johm minz
mic 857	jut7a ping
fiy u8p	683po joke
90L yum	jy97q jopt
738 kin	fyfe york
mop j46	tunni yonks
moy 86w	153tj mouse
824	jimbo

Casos verdadeiros

Num dos meus cursos deparei com um problema insólito. Uma aluna fazia leitura visual apenas das quatro primeiras letras de cada palavra e depois deixava sua mente inventar o resto, dentro do contexto da frase ou do parágrafo. Isso pode parecer uma boa forma de aumentar a velocidade de leitura. O problema é que palavras como **conf**issão e **conf**usão são lidas como sendo a mesma, já que têm as quatro primeiras letras iguais.

Para resolver o problema, ela só tinha de focar os olhos no centro da palavra em vez de fazê-lo no seu início, garantindo assim que veria a totalidade da palavra e não apenas as quatro primeiras letras. A partir daí ela se habituou a focar os olhos de modo a abarcar grupos de palavras e, mais tarde, o centro de cada linha. Quando você lê com os olhos, não tem de ouvir a totalidade da palavra para saber de qual se trata. O seu cérebro só necessita de uma parte da palavra para extrair-lhe o sentido. No entanto é importante que reconheça uma parte de cada palavra que seja suficiente para garantir que a compreende corretamente.

Ler mais que uma linha de cada vez

Isto requer prática. Quando você ler mais do que uma linha de cada vez, estará fazendo algo que nunca antes havia pensado fazer, algo que pode até ter pensado ser impossível. Se este for o caso, você estará trabalhando contra as suas crenças. Em situações desse tipo, precisa de provas. Você será capaz de dar provas a si mesmo assim que despender um pouco de tempo na prática do próximo exercício.

Ao fazer o Exercício 5, você começou por experimentar como era ver mais que uma linha de cada vez. Isso só pode ser feito de modo eficaz quando ler com os olhos e não com os ouvidos. Lembre-se do exercício sobre compreender a mensagem no capítulo 2. Ali você descobriu que, mesmo que visse as palavras numa ordem que não a correta, ainda era capaz de compreender a mensagem. Essa é a técnica a usar para desenvolver essa nova competência.

Para encorajar sua mente a ver mais que uma linha de cada vez, siga os passos definidos no boxe da página seguinte. A princípio você pode achar que sua compreensão é reduzida. É assim mesmo. Quanto mais praticar, mais à vontade passará a se sentir ao ler com os olhos em vez de com os ouvidos.

Exercício para aprender a ler mais do que uma linha de cada vez

Para marcar o ritmo neste exercício, prepare uma fita cassete que o avise, a cada três minutos, que é tempo de aumentar a sua velocidade de leitura. Deixe a fita correr, em modo de gravação, durante três minutos. No final desses três minutos, diga "pare!" ou toque uma campainha. Depois deixe a fita continuar a gravar silêncio durante mais três minutos, findos os quais deve voltar a dizer "pare!" ou tocar a campainha. Prossiga assim até preencher 15 minutos de fita (obtendo então cinco blocos de três minutos silenciosos cada). Sempre que não puder treinar durante os 15 minutos, programe o alarme para três minutos. Quando ele tocar, volte a programar para outros três minutos, conforme o tempo que tiver disponível.

Primeiro bloco de três minutos	Leia uma linha de cada vez.	Leia tão depressa quanto possível, mas de forma consiga uma boa compreensão. Coloque seu marcador sob cada linha.
Segundo bloco de três minutos	Aumente o alcance para duas linhas de cada vez.	Coloque o marcador sob cada duas linhas. Desloque-o suavemente sob as linhas, vendo todas as palavras. O seu objetivo é "apanhar a mensagem" contida nas linhas sem ler todas as palavras.
Terceiro bloco de três minutos	Aumente o alcance para três linhas de cada vez.	Mais uma vez, apreenda palavras suficientes para "apanhar a mensagem", mas evitando a leitura superficial da informação. Ao fazer isso, você amplia a sua visão, olhando para as margens em ambos os lados do texto. Desloque o marcador no mesmo ritmo que usou para ler uma e duas linhas.
Quarto bloco de três minutos	Aumente o alcance para quatro linhas de cada vez.	O seu objetivo continua a ser "apanhar a mensagem" tão depressa quanto possível, sem ouvir as palavras. Certifique-se de que está apreendendo e reconhecendo todas as palavras à medida que avança na página. Não se esqueça de relaxar e apreciar a experiência de aprender algo novo.

Quinto bloco de três minutos	Aumente o alcance para cinco linhas de cada vez.	Desta vez você poderá fixar a totalidade do parágrafo. Deixe seus olhos verem tudo e verifique se consegue perceber a mensagem.
Finalmente	Volte a ler uma linha de cada vez.	Use o seu marcador e leia tão depressa quanto possível, com boa compreensão. Que diferença você nota agora na sua leitura?

Exercício para aumentar a visão periférica

Faça uma pequena caminhada. Enquanto anda, olhe sempre em frente. Tente ver o máximo possível daquilo que se encontra no seu campo de visão. O que se encontra nos extremos do seu campo visual, à esquerda, à direita, em cima e embaixo? Articule o que vê com a forma como o vê. Depois de passear um bocado, sente-se, pegue um livro e, usando um marcador, leia tão depressa quanto possível para uma boa compreensão. Veja a diferença de velocidade e a facilidade com que lê. Esse é um ótimo exercício para fazer enquanto você caminha pela rua ou pelo parque.

Ponha sua visão periférica para trabalhar

Enquanto lê, aplique o que aprendeu durante o seu passeio pelo parque. Lembre-se de quanto conseguia ver e faça bom uso da sua energia visual. Ler uma palavra de cada vez centra a sua atenção na primeira palavra de cada linha, o que implica que muito do que vê é o espaço em branco da margem. Assim sendo, em vez de apontar o olhar para o início da linha, aponte-o para a segunda ou terceira palavra da linha e deixe a sua percepção periférica trabalhar.

Como prevenir e curar a "vista cansada"

Experiência

Esta experiência demonstra que a sua visão se deteriora com o cansaço.

Fixe o olhar em uma página. Não pestaneje nem mova os olhos. Quanto tempo leva até que sua visão comece a ficar desfocada e os olhos comecem a lacrimejar? Não é preciso muito para "cansar a vista".

Descansar os olhos, piscando e cuidando de si, irá ajudar a prevenir a contração deles. Os seus olhos precisam de repouso. Quanto mais relaxados estiverem, mais tempo você será capaz de ler.

Os procedimentos simples apresentados a seguir vão ajudá-lo a prevenir e a curar a "vista cansada":

- Antes que se sinta cansado, descanse os olhos **fechando**-os por alguns instantes a cada 10 ou 15 minutos.
- Sempre que se lembrar, tente o seguinte: **esfregue a palma das mãos** uma na outra, até aquecerem. Feche os olhos e cubra-os, suavemente e sem pressionar os globos oculares (não tape totalmente a passagem da luz), com as palmas das mãos aquecidas. Mantenha essa posição durante 10 a 15 minutos. Este é um excelente exercício para relaxar os olhos.
- Passe algum tempo ao **sol.** Os raios solares naturais podem revitalizar os seus olhos e são uma fonte excelente de vitamina D, essencial para que os olhos se mantenham saudáveis. Tudo o que tem de fazer é fechar os olhos e virá-los para o sol. Não os abra para olhar diretamente.

Em países tropicais, este exercício não deve se prolongar por mais do que alguns minutos. Nos países nórdicos a exposição pode ser um pouco mais prolongada.

A exposição dos olhos ao sol alivia a "vista congestionada" (raiada de vermelho) e diminui a irritação e a comichão. Caso não haja sol, use em substituição uma fonte de luz incandescente (uma que produza algum calor).

- **Piscar.** A sensação de "vista arranhada" pode se dever à secura. Muita gente com problemas nos olhos os agrava pelo fato de não piscar e não umedecer os olhos durante a leitura (especialmente se lerem na tela do computador). Mantenha o controle das condições dos seus olhos e pisque com frequência. Se ajudar, coloque um aviso sobre o monitor lembrando-o de piscar com frequência.
- **Balançar**-se é um exercício que relaxa, não só os olhos mas também todo o corpo. Coloque-se de pé, em frente a uma janela ou ao ar livre (em qualquer lugar onde possa ter uma vista ampla) e balance o corpo e a cabeça de um lado para o outro, movendo os olhos pela linha do horizonte. Concentre-se alternadamente em tudo o que perceber no campo de visão, não importa a que distância. Relaxe, evoque pensamentos positivos e agradáveis e aprecie a pausa que interrompeu o que estava fazendo.
- **Mude o ponto de focagem.** Fique de pé, num local com vista ampla. Mantenha o polegar a uma distância de 15 centímetros dos olhos. Foque primeiro o dedo polegar e depois mude para o ponto mais afastado no horizonte. Prossiga suave e calmamente. Se você esteve muito tempo no computador ou lendo, os seus olhos

estarão cansados, e mudar o ponto de focagem rapidamente pode provocar uma dor de cabeça. Relaxe e leve o tempo que achar necessário.

- Se sentir a vista especialmente cansada, pode recorrer a diversos **produtos para limpar os olhos** disponíveis em qualquer farmácia. Siga as instruções cuidadosamente. Em caso de persistência dos sintomas, consulte o seu optometrista ou oftalmologista.
- Se você usa **lentes de contato,** é especialmente importante que tome cuidado com os seus olhos enquanto lê. Se tiver muito material para ler, é aconselhável que use os óculos em vez das lentes. Tenha os óculos sempre à mão de modo que possa tirar as lentes caso comece a sentir algum desconforto nos olhos.
- Durante a leitura, seus olhos estão limitados aos movimentos que faz ao longo da página ou da tela do computador. Uma excelente maneira de dissipar a pressão que isso provoca é praticar **"ginástica visual".** Comece olhando em frente, depois olhe o máximo que conseguir para cima, para baixo, para a esquerda e para a direita. Em seguida, olhe para o canto superior esquerdo, depois para o canto superior direito, prossiga para o canto inferior direito e, por fim, para o canto inferior esquerdo. Mantenha cada posição apenas alguns segundos. Ao terminar, feche os olhos com força e se quiser volte a repetir o exercício. Uma vez concluído, coloque sobre os olhos, durante alguns minutos, as palmas das mãos previamente aquecidas.
- **Acupressão**[5] é uma técnica muito relaxante e muito benéfica para os olhos.

---

5. Antigo método de estancar hemorragias comprimindo com agulhas o tecido adjacente ao vaso sanguíneo rompido.

Quando você experimentar a acupressão, pode acontecer de achar que a zona em volta dos olhos está sensível ou mesmo um pouco dolorida. Esse fato se deve à tensão acumulada. É o mesmo tipo de sensibilidade que você experimenta quando tem o pescoço endurecido e alguém lhe faz uma massagem – a certa altura a dor é maior que o prazer!

Nunca esfregue os olhos diretamente sobre o globo ocular. Quando você o faz, os olhos não têm nenhum tipo de proteção contra possíveis danos.

Acupressão

1. Feche os olhos e apoie confortavelmente os cotovelos numa mesa.

2. Use os polegares para massagear os cantos internos das sobrancelhas (8 segundos).

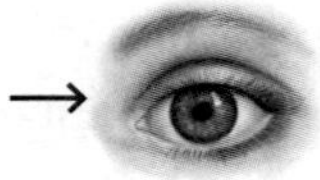

3. Use o polegar e o indicador para massagear o osso do nariz (8 segundos).

4. Massageie a área da maçã do rosto imediatamente abaixo do centro do olho (8 segundos).

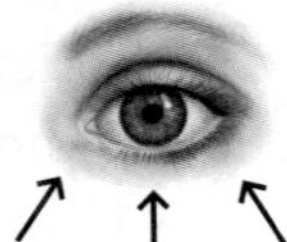

5. Com os três dedos centrais (indicador, médio e anelar), pressione firme mas gentilmente o osso em redor das fossas oculares, movendo os dedos no sentido dos ponteiros do relógio (8 vezes em volta de cada olho).

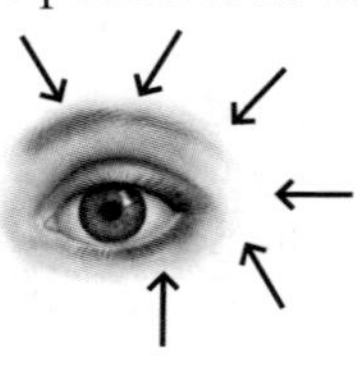

6. Mantendo os olhos fechados, tape-os durante alguns minutos com as palmas das mãos previamente aquecidas. Espreguice-se e só depois continue o que estava fazendo.

Leitura a partir da tela do computador

Evitar forçar os olhos

Há muitas coisas que você pode fazer para tornar a leitura na tela do computador menos estressante para a vista. Aqui vão algumas dicas:

- **Tipo de fonte e tamanho da letra** – Se você receber um documento em que a fonte utilizada seja de difícil leitura, seja pelo tamanho, seja pelo tipo de letra, altere-a.
- **Contraste da tela** – Certifique-se de que o fundo da tela faz contraste com o texto. Para alguns, uma tela de fundo branco pode ser forte demais, enquanto para outros uma tela de fundo azul pode ser demasiado escura. Experimente cores diferentes. Vale a pena tentar um azul ou cinza claros.
- **Iluminação** – Existe a ideia errada de que a luz natural é melhor para trabalhar no computador. A luz natural é desigual e move-se à medida que o sol se desloca no horizonte, razão pela qual as sombras mudam. Isso afeta a tela e pode provocar a contração da vista. Além disso, o reflexo do sol no monitor pode tornar a leitura muito difícil. Se você não mudar a posição do monitor quando trabalha com luz natural, pode começar a sofrer de problemas nas costas devido às mudanças de posição do corpo e ao fato de se sentar com posturas estranhas na tentativa de ver melhor o que está na tela.

- **Interferências na tela** – Tenha o mínimo de distrações possíveis em sua tela. É natural que se sinta tentado a ter todos os ícones à vista. Quanto mais barras de ferramentas tiver disponíveis, menor será o espaço para o texto. Tenha apenas as ferramentas indispensáveis para o trabalho.
- ***Screen savers*** – Há no mercado bons protetores de tela. Um que me chamou a atenção era uma ovelha que corria em volta da tela enquanto trabalhava. Não só ela me ajudava a relaxar os olhos como evitava que eu fixasse intensamente a tela, além de apelar ao meu senso de humor, já que a ovelha era perseguida por sapos. Tudo que apele ao seu sentido de humor ajuda a reduzir os níveis de estresse, e por consequência contribui para aumentar a concentração.
- **Posição do monitor** – Mantenha o monitor a uma distância que lhe seja confortável. Ele deve estar colocado a pelo menos um braço de distância de seus olhos. Evite colocar o monitor em frente a uma janela. O contraste de luminosidade pode se tornar desconfortável e a atividade exterior pode distraí-lo.
- **Conforto** – Trabalhar no computador implica exercitar apenas os dedos. Faça pausas, estique o corpo e faça "ginástica visual" a cada 20-30 minutos.

Leitura rápida a partir do computador

- **Use o *mouse* como marcador** – Em vez de deslocar o *mouse* ao longo de cada linha, o que pode se tornar difícil de acompanhar, deslize-o ao longo do meio da página ou numa trajetória em forma de S.

- **Altere as margens** – Se você considerar mais fácil ler linhas inteiras de cada vez, altere as margens do documento de forma que torne o texto escrito mais estreito do que a página e, assim, mais fácil de ler.
- **Altere para um espaçamento simples** – O texto pode tornar-se de mais fácil leitura com um espaçamento simples em vez de duplo ou triplo.
- Se usar a tecla de *page down* para avançar no documento, estará desperdiçando tempo ao tentar descobrir em que ponto estava antes de "saltar" de página. **Deslizar** *(scroll)* usando a régua vertical evita os saltos e o rodapé da tela funciona como marcador.

Nutrição dos olhos

Tal como a memória e a concentração, também os olhos são fortemente influenciados pelo que comemos. Uma boa regra se aplica aqui: o que é bom para o coração é bom para os olhos. Os suplementos que enumeramos a seguir provaram ter um efeito benéfico na visão.

Suplemento	Efeito	Consequências da sua escassez	Fontes
Vitamina A, betacaroteno	Os olhos precisam dela para a visão noturna. Também ajuda no necessário ajuste à oscilação das luzes fluorescentes, ao calor e ao brilho das telas de computador e de televisão. O tabaco e o álcool provocam sua diminuição no organismo.	Redução da visão noturna.	Laranjas e verduras.

Suplemento	Efeito	Consequências da sua escassez	Fontes
Complexo vitamínico B	A tiamina (vitamina B1) mantém os músculos oculares em uncionamento. A riboflavina (vitamina B2) mantém o nível correto de fotossensibilidade. A vitamina B6 contribui para o equilíbrio emocional. A vitamina B12 pode funcionar como proteção contra graves problemas de visão.	No caso de você ter falta de vitamina B2, poderá sentir ardor na vista, sensibilidade às luzes brilhantes e um cansaço fora do comum. A escassez do complexo B é típica dos doentes de catarata. A falta de vitamina B12 é típica dos doentes com catarata e glaucoma.	Vegetais verdes escuros, levedura de cerveja, ovos, carne, nozes e sementes.
Vitamina C, que contém ácido ascórbico e bioflavonoides	Excelente para a circulação sanguínea ocular. O tabaco contribui para sua diminuição no organismo.	Má circulação.	Cítricos, tomate e melão.
Vitamina D e cálcio Vitamina E	Alguns nutricionistas acreditam que o consumo excessivo de açúcar é a principal causa da perda de visão a curto prazo. Um menor consumo de açúcar e maior consumo de cálcio podem ajudar nessas situações.	Possível perda de visão a curta distância, deslocamento da retina e glaucoma.	Luz solar e leite.

Suplemento	Efeito	Consequências da sua escassez	Fontes
Vitamina E	Ajuda a corrente sanguínea no transporte de oxigênio e nutrientes para o resto do organismo. Parece desempenhar também um papel importante na manutenção da elasticidade dos músculos oculares.	Possível perda de visão a curta distância.	Pera, abacate, azeitonas pretas e verdes, sementes de girassol, coco e azeite virgem de oliva prensado a frio.

Resumo

1. O marcador o ajuda a ler mais com os olhos do que com os ouvidos.

2. Enquanto ler com os ouvidos, o mais rápido que vai conseguir ler é à velocidade em que fala.

3. Ler mais que uma palavra de cada vez permite-lhe apreender partes de informação em vez de palavras isoladas.

4. A regressão e a progressão são tiques visuais resultantes da fraca concentração e da falta de confiança em sua memória. O uso do marcador eliminará esses hábitos.

5. Cuide continuamente dos seus olhos. Assim que os sentir desconfortáveis, pare e faça uma pausa.

6. Dê especial atenção aos olhos quando trabalhar no computador durante longos períodos.

7. Coma de forma saudável. Os seus olhos são afetados por sua dieta, da mesma forma que o cérebro.

8
Distrações e soluções

Neste capítulo você vai aprender:

- a combater as distrações externas, internas e físicas

Num mundo ideal, leríamos apenas o que nos interessa, unicamente no ambiente certo, só quando tivéssemos o tempo necessário e só quando quiséssemos. A vida não é assim, e muitas vezes temos de ler textos sobre os quais não estamos particularmente interessados, num momento e local não adequados ao nosso estilo de leitura e muitas vezes com um prazo limite.

Não são só as distrações o que ocorre à sua volta. O seu estado de espírito pode ser uma distração tão grande como um telefone que está tocando constantemente. As distrações podem pôr em xeque uma leitura eficiente e uma memorização correta. Quanto mais você conseguir reduzi-las, maiores serão as chances de ler com sucesso o que precisa no tempo que tem disponível.

Neste capítulo iremos explorar um conjunto de distrações e como contorná-las.

Falta de concentração

Se a sua atenção se dispersa com muita facilidade, se você se distrai com coisas sem importância e é difícil concentrar-se, talvez haja uma solução fácil.

Abordamos a concentração no Capítulo 4. Se você considerar útil, pode voltar atrás para recordar o que leu. Experimente um dos exercícios de concentração que constam neste capítulo. As dicas seguintes também irão ajudar a aumentar sua concentração e sua capacidade de se focar numa só tarefa:

- Para garantir a concentração máxima, **faça intervalos com frequência** – aproximadamente cinco minutos a cada meia hora se estiver apenas lendo. Se estiver lendo uma série de textos diferentes e tomando notas, pode prolongar seu tempo de leitura, entre 45 minutos e uma hora, antes de fazer uma pausa de cinco a dez minutos. Dê atenção ao seu corpo à medida que vai lendo. Quando começar a bocejar, a cometer erros ou a reler passagens, ou se ficar com dor de cabeça, é o momento de fazer uma pausa. Se ignorar os sintomas de cansaço, sua concentração e sua capacidade de memorização e compreensão do que está lendo vão diminuir rapidamente. Fazer uma pausa não significa deitar-se e dormir 20 minutos (embora isso ajude) – você pode dar um passeio, beber um pouco de água ou simplesmente fazer algo diferente.
- Conheça as **razões pelas quais está lendo**. Quanto mais claro for o seu objetivo, mais fácil será concentrar-se, ainda que na realidade não o queira fazer. Se você

não tiver um motivo, provavelmente irá desistir mais depressa.

- **Leia ativamente** utilizando um marcador, especialmente se estiver se sentindo cansado e ou se o material for difícil. Quanto mais sentidos utilizar, mais desperto você permanecerá. Imagine sentir fome e só poder olhar para a comida. Acha que iria apreciar essa refeição? Cerca de 80% do prazer de uma refeição resulta da apreciação sensorial: o sabor, o cheiro, a textura e a apresentação da comida. O mesmo se aplica à leitura.
  Infelizmente, somos ensinados, desde a infância, a apreciar a leitura apenas por um sentido. Quando você começar a traçar mapas mentais, tomar notas, pensar no que leu, discutir e ler ativamente, irá chegar à conclusão de que ler se torna a refeição que pode ver, provar, ouvir e sentir. Quase sempre você se lembra de uma boa refeição quando a companhia é boa e o ambiente em volta é agradável. Trate a leitura como uma boa refeição – vai ficar surpreendido com o que acontece.
- Estabeleça um **limite de tempo** bem definido. Divida a sua leitura em trechos de 30 minutos. Estes devem ser suficientemente pequenos para dar a sensação de que são fáceis de administrar e suficientemente grandes para transmitir a ideia de que está alcançando o seu objetivo. Seja realista. Se, à medida que for lendo, chegar à conclusão de que a dimensão dos trechos é grande ou pequena demais, pare e faça uma reavaliação. Seja flexível.

Lidar com o ruído externo

Se você não é daquelas pessoas que conseguem se concentrar

mesmo com barulho ao fundo, tem de fazer tudo que estiver ao seu alcance para minimizar o ruído à sua volta. Infelizmente, o mais provável é que haja sempre algum ruído externo sobre o qual você não tem grande controle. Se trabalhar num escritório em espaço aberto, poderá achar que o barulho distrai.

Há várias coisas que você pode fazer para minimizar as distrações resultantes desse tipo de ruído:

- **Tampões para os ouvidos.** Se encontrar o tipo de tampão apropriado, eles podem ser muito confortáveis e eficazes. A maior parte das boas farmácias vende esse material. Experimente várias marcas e depois guarde vários pares em sua gaveta.
- Use falantes de ouvido e ouça **música** apropriada – música sem vocal e não muito alta. A música barroca é a melhor para obter a concentração máxima. Certifique-se de que a melodia não é demasiado melancólica e ouça apenas músicas de que gosta. Mozart, Vivaldi e algumas das obras de Beethoven são especialmente boas para a concentração. Você pode fazer experiências com as músicas. Ponha um compositor para tocar durante 20 minutos, mude para outro e depois compare como se sente ou o seu grau de concentração.
- Se o seu escritório é um verdadeiro espaço aberto, sem divisórias que o separem dos seus colegas de trabalho, criar uma barreira visual entre você e o resto do espaço vai ajudar a reduzir as distrações. Não é preciso construir uma parede à sua volta – isso nem sempre é desejável ou possível. A única coisa que você tem de fazer é colocar algo em sua mesa que alcance o seu nível visual. Isso irá criar uma barreira psicológica ao ambiente perturbador e fará com que seja mais fácil lidar com ele.

- Se for possível, abandone o ambiente ruidoso e procure um espaço sossegado para ler.

Casos verdadeiros

Um participante de um dos meus *workshops* costumava ir para o depósito da empresa quando tinha um documento importante, que necessitava de toda a sua atenção, para ler. Ele ia para o depósito, fechava a porta e a bloqueava de modo que ninguém pudesse entrar, anotava o que necessitava e só voltava depois de terminar. A estratégia funcionava para ele, que tinha a sorte de ter por perto um depósito com muita luz, algum espaço, ar fresco e sem fumaça de cigarro.

Lidar com o ruído interno

O ruído interno é causado pela divagação da mente, talvez porque você não tenha decidido se dedicar a uma tarefa em particular. Os conselhos sobre concentração do Capítulo 4 vão ajudá-lo nesse ponto. Mas o que mais vai ajudar é a decisão de se entregar à leitura.

Se não tomar uma decisão firme de se sentar e ler, o tipo de conversa interna que irá ocorrer dentro da sua cabeça será mais ou menos assim: "Não tenho tempo para isso... X tem mesmo de ser feito agora... Y vai ter de passar para a tarde... Deveria estar fazendo Z..." Haverá tanto ruído na sua cabeça que você provavelmente não irá se lembrar de uma única palavra do que está lendo e, portanto, será um desperdício de tempo.

- Tome a decisão de dedicar uma parte do seu tempo à leitura de uma quantidade específica de textos. Se conseguir planejar isso no seu dia, faça-o. Mas algumas leituras não podem ser planejadas com antecedência. Nesse caso, em vez de mergulhar no texto sem pensar, faça uma pausa e submeta rapidamente o material que tem de ler às fases de preparação e pré-visualização. Depois, se chegar à conclusão de que o material precisa mesmo ser lido, decida quando vai fazê-lo e arranje tempo para fazer.

- Depois de a decisão estar tomada, a maior parte das conversas interiores irá desaparecer e você será capaz de se concentrar.

Distrações físicas

Cansaço

Quando você está cansado, é praticamente impossível concentrar-se. Se puder, faça uma pausa e uma pequena sesta ou dê um passeio no parque. Se não puder fazê-lo, há muitas outras estratégias à sua disposição:

- Reduza o tempo que passa lendo para períodos de 10 a 15 minutos.
- Utilize uma leitura multissensorial.
- Beba muita água.
- Faça exercícios de ginástica durante as suas pausas – salte um pouco para que o oxigênio circule.
- Inspire profundamente e espreguice de tempo em tempo. Se estiver ouvindo música, escolha algo ritmado e enérgico.
- Certifique-se de que a razão pela qual continua a ler, apesar de estar cansado, é muito boa.
- Não prolongue o esforço mais que o necessário – pare quando tiver terminado e vá descansar.

- Evite trabalhar a noite toda.
- Evite os excessos de açúcar ou de amido.
- Evite a cafeína. Para ter um desempenho máximo, você vai querer estar desperto e não nervoso.
- Como vimos no Capítulo 4, ler no momento certo do dia pode ser meio caminho para evitar o cansaço. Você já deve ter reparado que consegue se concentrar melhor em certas partes do dia. Seus resultados serão melhores se ler nesse período.

"Vista cansada"

- Qualquer tipo de desconforto físico é uma distração. Os seus olhos são sua principal ferramenta de leitura – cuide deles. Refresque sua memória sobre os cuidados a ter com a visão lendo o resumo no final do Capítulo 7.

Estresse e leitura

Se você estiver "estressado", o melhor é parar um pouco, mesmo que ache que não tem tempo para fazê-lo. Pare, respire, relaxe, avalie o trabalho, beba qualquer coisa sem cafeína, como água, por exemplo, e continue.

Estar "estressado" não faz com que a maioria de nós leia mais depressa ou mais eficazmente.

Fome e sede

A fome é uma distração séria. Em contrapartida, se você comer demais, sua concentração vai ficar debilitada. Se tiver muita coisa para ler, evite comer demais de uma vez só e os excessos de açúcar e de amido.

Outra causa da concentração fraca é a desidratação. O seu corpo é 90% água, e quando você começa a sentir sede é porque já está se desidratando. Beba muita água, mesmo que ache que não precisa de nenhuma. Evite chá ou café – a cafeína e a teína irão desidratá-lo ainda mais.

Aspectos do meio ambiente

Conforto

Certifique-se de que você tem ar fresco e a luz adequada. Coloque-se o mais confortável possível sem ficar sonolento.

Luz

A luz do dia é a melhor (a não ser que esteja usando um computador). Caso não haja luz natural, não deverá haver um contraste muito grande dos diferentes níveis de luz entre o local onde está trabalhando e o resto da sala. Isso previne a "vista cansada". Uma regra geral é que a fonte principal de luz deve vir por cima do ombro do lado contrário ao da mão com que você escreve.

Mesa e cadeira

Certifique-se de que sua mesa e sua cadeira têm a altura certa. Quando você se senta na cadeira, deve conseguir encostar-se atrás e apoiar as costas no espaldar, mantendo os pés bem assentados no chão. Se não conseguir chegar ao chão, coloque um apoio debaixo dos pés.

Sua mesa deve ser suficientemente ampla para abrigar tudo de que necessita para o trabalho que está realizando.

Distrações no trabalho

Seguem-se alguns conselhos genéricos para lidar com as distrações no trabalho:

- **Planeje seu dia.** As distrações surgem facilmente quando você não sabe o que pretende. No começo do dia, escreva tudo o que quer fazer, inclusive as leituras. Reserve algum tempo para elas. Também poderá ser útil separar um tempo no seu plano para leituras de lazer. Uma vez planejado o dia, você poderá notar que ler um romance por algum tempo não significa que não vai conseguir fazer todo o resto que projetou. Você vai chegar à conclusão de que vai desfrutar esse tempo, conseguir fazer todo o resto e ainda melhorar sua velocidade de leitura ao ler mais.
- Estabeleça regras de conduta. Depois de ter começado algo, não deixe que nada o distraia até ter completado a tarefa, a não ser que haja uma razão muito forte. Alguma vez você já começou a cortar a grama ou lavar a louça, depois distraiu-se com qualquer outra coisa e então não lhe agradou mais voltar ao que estava fazendo antes? Uma vez começada uma tarefa, acabe-a. Isso não só vai melhorar a qualidade do seu trabalho como também aumentar a quantidade de coisas que você consegue fazer. Também vai se sentir mais relaxado e à vontade porque o trabalho está feito.

Outros pontos que pedem sua atenção

Pouca gente pode se dar ao luxo de trabalhar sem interrupções. Quase sempre haverá alguém, em algum lugar, solicitando sua atenção em algum momento, seja por telefone, seja pessoalmente, seja por *e-mail*.

Se puder, reserve o tempo de que precisa para ler. Coloque um aviso de "Não perturbe". Se não puder fazê-lo – é o que acontece com a maior parte de nós –, lide com as interrupções, como telefonemas e pessoas pedindo para ser recebidas, parando conscientemente a sua leitura e resolvendo a interrupção.

Se o telefone tocar ou se alguém abordá-lo enquanto estiver lendo:

- Se possível acabe a frase ou o parágrafo que estiver lendo.
- Coloque uma marca no ponto onde parou.
- Reveja de forma rápida na sua cabeça ou num papel a sua interpretação da última frase que leu.
- Depois, preste atenção à próxima tarefa.

Uma vez terminada a interrupção, pode voltar à sua leitura:

- Sente-se durante alguns instantes e recorde-se da interpretação que fez da última frase que leu.
- Confirme o seu objetivo e intenção de leitura.
- Defina um período para ler mais uma parte considerável do texto.
- Continue a leitura.

O hábito determina que, quando se é interrompido, o mais provável é saltar-se de uma tarefa para outra. Em vez de fazê-lo, opte por uma breve pausa entre tarefas. Certifique-se de que você não perde tempo tentando descobrir onde estava antes da distração; ao fazê-lo, vai evitar ter de reorganizar as suas ideias e evitar confusões em sua mente quando voltar à mesma tarefa.

Livre-se de distrações

É importante evitar distrair-se com outras tarefas:

- **Correio** – Se você recebe muita correspondência no início do dia, construa uma rotina diária em que não gaste mais de 20 minutos para abrir todas as correspondências e arquivá-las ou jogá-las fora. Não deixe que nada o impeça de fazer. Pode não parecer uma tarefa importante no momento, mas, quando a correspondência de uma semana inteira se acumula sobre a mesa, esperando para ser aberta, pode ser uma fonte de muita distração. E pode fazê-lo perder mais tempo do que o que você gastaria se fizesse esse trabalho a cada manhã.

- ***E-mail*** – Tente lidar com todo o seu correio eletrônico num momento certo do dia.
- **Espaço na mesa** de trabalho – Todas as folhas de papel em sua mesa de trabalho podem ser objeto de distração. Certifique-se de que tudo o que está sobre sua mesa realmente tem utilidade para você.
- **Confusão** – Se você tem tendência a deixar a mesa coberta de papéis, limpe-a e deixe apenas o que estiver relacionado com sua tarefa desse dia. Adote a seguinte rotina: no final da tarde, limpe a mesa. Tire tudo o que é realmente inútil e ponha no lixo. Deixe o que realmente importa. Na manhã seguinte você vai se sentir muito mais relaxado e em condições de escolher qual o assunto de que quer tratar, em vez de ter de lidar com o que quer que esteja no topo do monte.
- **As leituras dos outros** – Não deixe que coloquem alguma coisa em sua mesa sem que você tenha visto previamente e concordado que deixassem lá, especialmente se forem documentos que exigem leitura. Quando alguém lhe der algo para ler, peça-lhe para explicar claramente por que pensa que você precisa ler esse material; depois decida se quer aceitar mais essa tarefa

como parte do seu dia de trabalho. Se a pessoa não for capaz de lhe dar uma justificativa satisfatória, pense cuidadosamente antes de aceitar; uma vez aceitado, você tem de se empenhar para completar a tarefa.

Resumo

1. Faça pausas com frequência.

2. Certifique-se de que tem uma justificativa para ler.

3. Leia ativamente.

4. Estabeleça um limite de tempo claro para a sua leitura.

5. Use tampões para os ouvidos ou falantes para ouvir música se o ruído à sua volta o distrai.

6. Se possível, procure um lugar tranquilo para ler se tiver algo que exija atenção total.

7. Esteja atento ao que come e bebe enquanto trabalha. Sua dieta tem um grande efeito em sua capacidade de concentração.

8. Cuide dos seus olhos.

9. Planeje o seu dia e deixe algum tempo livre para visitas ou telefonemas inesperados.

10. Trabalhe num espaço limpo. Tenha em cima da mesa apenas os papéis relacionados com o trabalho do dia.

11. Evite aceitar de outras pessoas documentos para ler, a não ser que tenha certeza de que precisa ler.

12. Passe no máximo 20 minutos por dia cuidando do seu correio e de *e-mails.*

9
Ler no mundo real

Neste capítulo você vai aprender:

- como ler sob pressão
- como aproveitar ao máximo o tempo disponível
- como encontrar informação rapidamente
- como reduzir as leituras desnecessárias
- como avaliar o seu progresso

Quantas vezes você lê um livro sobre como ler depressa e, apesar disso, as ideias descritas seriam muito boas se você pudesse se dar ao luxo de trabalhar no seu próprio ambiente?

Ler no mundo real significa que nem sempre se tem paz e isolamento para se concentrar no que está fazendo. Quase com certeza você será interrompido e terá um prazo demasiado curto para estar descansado. Este capítulo apresenta algumas ideias sobre como ler sob pressão.

Bloqueio de informação

Às vezes você tem mais material para ler do que tempo disponível, e parece nunca conseguir chegar ao fim. Duas explicações possíveis são:

- Sente que necessita saber tudo
- Adiamento

Necessidade de saber

Se você sente que tem mais leituras para fazer do que as que consegue, interrogue-se: "Preciso de toda esta informação ou estou lendo tudo porque estou preocupado que, caso não saiba tudo, não serei capaz de fazer bem o meu trabalho ou ajudar os outros a fazer o seu?" Certifique-se de que responde honestamente.

Uma série de outras atitudes está relacionada com o desejo de saber tudo.

Urgência aparente

Você pode ter o hábito de tratar dos assuntos assim que os recebe, independentemente do que é necessário fazer ou da importância dessa última tarefa. Se alguém lhe der um documento para ler e disser "Isto é urgente, você tem de ler agora", não aceite sem questionar. Pode ser urgente na opinião dessa pessoa, mas pode ser a segunda ou terceira tarefa mais urgente do seu dia. Estabeleça prioridades.

Ninguém faz melhor

Esta é uma excelente atitude se você quer garantir que terá bastante trabalho para fazer em todos os fins de semana e feriados. A maioria das pessoas é capaz de desempenhar bem as suas funções. Pense positivo, tenha fé nos outros, defina prioridades e delegue.

Generosidade

Quando se trata do seu próprio tempo, nem sempre você pode se dar ao luxo de ser generoso. Frequentemente quem que lhe dá algo extra para tratar o faz para evitar ter de ser ele ou ela a fazê-lo.

Adiamento

Duas das causas para o adiamento são o medo e a ausência de interesse. Se tiver uma tarefa para fazer que parece enorme ou que representa um desafio, você poderá decidir fazer outras coisas que podem parecer igualmente importantes em vez de enfrentar a situação e lidar com ela. A cura para essa situação é olhá-la de frente.

Determine exatamente o que implica o trabalho, em vez de deixar que sua imaginação o afaste ainda mais dele. Quando souber o que está em causa, divida o trabalho em pequenas partes e enfrente uma de cada vez.

Se a razão do adiamento for a falta de interesse, procure na tarefa algo que o motive. Se não conseguir encontrar nada e a sua mesa estiver sempre cheia de papelada que precisa ser cuidada, mas você não se dá ao trabalho de fazê-lo, então poderá considerar mudar de emprego.

Ser um bloqueio de informação não faz bem a ninguém. A informação deve fluir livremente em uma organização. Depois de recrutar a ajuda de outros e de partilhar informação, você vai ficar surpreendido com o que pode alcançar para fazer com que as coisas avancem.

Planejar e definir prioridades

Mais vezes do que se poderia supor, a falta de definição de prioridades é a causa de uma mesa cheia de documentos para ler que você não consegue resolver. Quando a pilha fica muito alta, você começa a sentir que não pode fazer tudo e começa a sofrer de "cansaço do papel" – sente-se exausto sempre que se aproxima da mesa. Quanto melhor definir as prioridades nas suas leituras, mais depressa conseguirá terminá-las.

Quando você estabelece prioridades, diminui o risco de se tornar um bloqueio de informação. Apesar de isso poder levar algum tempo, especialmente se estiver começando do zero, depois de se habituar a definir prioridades você vai passar a fazê-lo todos os dias naturalmente.

Quer comece com um monte de trabalho acumulado, quer com o seu correio diário, adotar os passos que se seguem irá ajudá-lo a definir prioridades com eficácia:

- Reúna todo o material que tem para ler ou trabalhos pendentes.
- Divida-o em três pilhas: urgente, importante, outros.
- Analise cada um dos grupos e determine quais serão as consequências de lidar com cada documento (ver o próximo passo).
- Faça esta pergunta para se ajudar a determinar a natureza da contrapartida: estou lendo o documento para lucrar algo, para cumprir um prazo ou para alcançar um objetivo? Se tiver uma pilha cheia de documentos que parecem urgentes, mas que não têm grandes consequências, avalie se são realmente urgentes ou se estão na pilha porque alguém disse que era lá que deveriam estar.

- Faça uma lista com tudo que tem de ler, mas por ordem de prioridade. Anote quanto tempo deverá levar para ler cada um, por que pensa que tem de ler e o que vai obter ou conquistar quando ler esse material.
- Planeje as leituras ao longo do seu dia, de acordo com o momento em que necessita de cada informação. Ler algo que só vai utilizar dentro de algumas semanas pode significar que, quando estiver mais perto de necessitar da informação, você terá de revê-la. Assim, mais vale esperar até mais tarde (às vezes o melhor a fazer é justamente adiar).

Aproveitar ao máximo o tempo que tem disponível

O mais importante nas leituras de trabalho ou de estudo (este conselho não se aplica às leituras de lazer, a não ser que você assim o deseje) é planejar. Estas são simples orientações para aproveitar ao máximo o seu tempo:

- Leia quando se sentir desperto e refrescado. Se tiver de ler e estiver cansado, beba muita água e faça pausas regulares.
- Planeje o que tem de ler e reserve um tempo a mais do que aquele que pensa de que irá precisar para fazê-lo.
- Quando alguém puser algum documento em sua mesa na esperança de que o leia, certifique-se se é realmente necessário e se alguém pode resumir o conteúdo do material para que você não tenha de lê-lo todo.
- Faça da caixa de reciclagem a sua primeira opção quando estiver selecionando o material do correio (incluindo o correio eletrônico).

- Quando estiver examinando o seu correio, decida o que tem de ler e ponha de lado os documentos que não são urgentes. Se tiver tempo no final do dia para lê-los, então faça-o.

Lidar com reuniões

"Tenho só cinco minutos e tem de parecer que sei do que estou falando." Alguma vez você já disse isso a si mesmo? Muitos de nós nos encontramos na situação em que alguém nos dá um documento e nos diz que somos esperados numa reunião, muito em breve, para discutir com outros que tiveram um dia ou mais para ler o mesmo material.

Se os outros souberem ainda menos que você, você pode blefar o tempo todo, mas o mais provável é que seja apanhado ao fazê-lo. É melhor encontrar uma estratégia de leitura que lhe dê uma chance de absorver informação importante do que lutar para parecer que sabe do que está falando.

Você considera que nessas circunstâncias tem lapsos de memória e, por alguma razão estranha, as palavras e as letras já não fazem sentido? Isso tem mais a ver com estresse e falta de estratégia do que com tempo. Quando isso acontecer:

- Pergunte a quem está lhe entregando o documento o que este tem a ver com você – obtenha uma informação de enquadramento.
- Pergunte-lhe por que só tem cinco minutos – isso vai lhe dar uma ideia do objetivo e do ponto de interesse.
- Peça-lhe para resumir brevemente o texto – isso vai lhe dar o conteúdo.

Uma vez superadas essas tarefas, siga os passos 1 a 4 do sistema dos cinco passos (preparação, pré-visualização, leitura passiva e leitura ativa):

- Estabeleça o seu objetivo: por que lê esse documento? O que vai fazer com essa informação?
- Passe os olhos pelo texto, lendo alguns resumos e conclusões.
- Leia o texto de forma passiva, dessa vez procurando palavras-chave e números significativos ou palavras em negrito ou itálico.
- Leia ativamente o primeiro e o último parágrafo de cada seção.

Se houver tempo, aproveite para preencher as lacunas lendo o mais que puder, começando com a primeira frase de cada parágrafo e todos os pontos.

Muito importante
À medida que percorre os passos 1 a 4, tome notas – de preferência no próprio documento. As ideias que for tendo à medida que lê serão provavelmente a contribuição que você pretenderá dar na reunião. Se não as anotar, poderá esquecer-se e perder informações valiosas.

A caminho da reunião

Antes de ir para a reunião, pare à porta, endireite-se, respire fundo, sorria e relaxe. Uma vez lá dentro:

- Não diga que é um perito na matéria a não ser que seja!

- Ouça primeiro o que os outros têm a dizer.
- Faça perguntas antes de fazer afirmações.

Depois de adquirir o controle, você vai relaxar e ser capaz de se concentrar na reunião.

Encontrar informação rapidamente

Há muitas ocasiões em que você precisa encontrar a informação rapidamente. Para fazê-lo, recorra aos passos 1, 2 e 3 do sistema dos cinco passos (preparação, pré-visualização e leitura passiva). Esses passos podem, por sua vez, ser divididos nas seguintes etapas:

1. Seja muito transparente em relação ao que está procurando.

2. Escreva o seu objetivo.

3. Comece o Passo 2 (pré-visualização) sublinhando os capítulos ou seções que parecem poder conter as respostas às suas questões. Utilize *post-its* para marcar as páginas relevantes, escrevendo neles um comentário sobre o que espera encontrar.

4. Uma vez terminado o Passo 2, comece o Passo 3 (leitura passiva) reafirmando e clarificando novamente o seu objetivo. O que procura exatamente e quais as palavras-chave que o alertariam para a resposta?

5. Leia passivamente (leitura superficial e técnica de "passar os olhos") as partes do texto que identificou durante a fase de pré-visualização.

6. Pare assim que encontrar a sua resposta – a não ser que queira continuar.

Procurar informação

Quando ler um documento pela primeira vez, leia com a intenção de voltar mais tarde para encontrar a informação. Assinale as páginas relevantes ou tome notas de referência. Escrever um breve resumo de cada uma das seções na margem é uma forma excelente de ajudá-lo a acessar a informação mais tarde. Também é uma excelente técnica para se lembrar do que leu.

Ler sob pressão

Um prazo limite pode ser uma das maiores distrações. Ficar esgotado e "estressado" apenas impede a concretização do objetivo. Quando estiver perante uma situação semelhante:

1. Faça uma avaliação realista do tempo de que dispõe.

2. Decida o que você precisa saber.

3. Decida qual a melhor e mais rápida fonte de informação.

4. Se é algo que tem de ler, siga os passos 1 a 3 do sistema dos cinco passos (preparação, pré-visualização e leitura passiva) e seja muito disciplinado em cortar o que não é essencial.

5. Fale com alguém que já saiba alguma coisa sobre o assunto e reúna o máximo de informação possível.

6. Descubra exatamente por que razão você tem um prazo tão apertado e tente alterá-lo.

7. Depois de as suas questões terem sido respondidas, divida suas leituras segundo o tempo de que dispõe. Concentre-se, relaxe, respire fundo e certifique-se de que tem água suficiente.

8. Faça muitas pausas. É mais importante reclinar-se na cadeira e se recuperar quando está sob pressão do que quando tem todo o tempo do mundo. Se você estiver sob pressão e não se cuidar, o estresse irá neutralizar todo o trabalho que está fazendo.

Novos trabalhos, projetos e clientes

Numa situação nova – quer esteja lidando com um novo trabalho, quer com projeto ou cliente –, você tem de descobrir exatamente o que precisa saber.

Novo tema ou projeto – cliente familiar

Se você estiver trabalhando em um projeto no qual o cliente (que pode ser o seu chefe ou um cliente externo) é conhecido e lhe pediu para atuar fora da sua área de especialidade, certamente continua esperando que entregue um serviço profissional. Você terá um longo caminho de aprendizagem a percorrer antes mesmo de começar. Para tornar a tarefa mais fácil, aqui vão algumas ideias:

- Comece com o Passo 1 do sistema dos cinco passos – **preparação.** Avalie exatamente o que é o trabalho. Anote tudo o que já sabe, tudo o que é esperado que saiba, as suas dúvidas, onde provavelmente encontrará as respostas e quais as lacunas de que tem conhecimento.
- Depois, descubra qual o **nível de especialidade** necessário. Poderá ter de contratar os serviços de um perito para completar o trabalho satisfatoriamente. Se chegar à conclusão de que o nível de especialização está ao seu alcance, empenhe-se em fazer bem o trabalho.
- Feito isso, fale com o seu chefe, cliente ou especialista na área e descubra qual a **melhor fonte de informação.**
- Reúna todo o material que possa conter a informação de que necessita e **siga o sistema dos cinco passos** para obter o máximo de informação possível. Reserve algum tempo só para aprender.

- **Fale** com outros sobre o trabalho que tem em mãos. Essa é uma boa forma de garantir que se mantém atualizado e motivado.
- Assine uma **revista da especialidade** e obtenha o maior número possível de opiniões diferentes sobre o assunto.
- Evite dividir o trabalho entre as fases de "aprendizagem" e "execução" (com exceção da fase inicial). Ao contrário, empenhe-se em **aprender** ao longo de todo o processo.
- Faça **cartões de referência** para a informação obtida. Divida os cartões entre "preciso saber", "gostaria de saber" e "interessante saber, mas não vital".
- Mantenha um **registro** dos seus progressos e um caderno de apontamentos para as questões para as quais quer encontrar resposta.
- Aprecie o exercício e encare-o como uma **exploração.** Quanto menos pressão puser no trabalho, mais fácil será para você aprender e desempenhar as suas funções com profissionalismo.

Projeto ou tema familiar – cliente novo

Quando a tarefa lhe é familiar, mas o cliente não, a situação funciona de forma inversa. Sua atenção, em vez de estar concentrada no trabalho, deve estar no cliente. Você já sabe o que envolve o trabalho que está sendo pedido. Deve, por isso, interrogar-se sobre como os seus conhecimentos se encaixam no que o cliente quer. A pesquisa que vai levar a cabo deve ser sobre quem é o seu cliente e como ele trabalha:

- Em que mercados atua?
- Já tinha encomendado trabalhos como esse antes?
- Ele sabe o que esperar ou a área lhe é completamente nova?
- Ele está fazendo o trabalho porque quer (desenvolvimento do negócio) ou porque tem de fazê-lo (sobrevivência do negócio)? Isso irá determinar a atitude do cliente em relação a você e o nível de pormenor em que terá de entrar. Uma empresa que está trabalhando pela sobrevivência provavelmente exigirá o mínimo, porque certamente não tem tempo nem orçamento para mais. Um negócio forte e em crescimento poderá ter mais tempo e dinheiro para gastar.
- O que o cliente já sabe sobre o que faz?
- Até que ponto ele estará envolvido?
- O cliente vai querer saber como você vai fazer o trabalho ou o produto acabado é a única coisa que lhe interessa?

Reúna todas essas informações. Vá encontrar-se com o cliente, leia o seu material, assim como o *site* dele na internet. Fale com os recepcionistas e com os assistentes, que quase sempre sabem o que se passa, uma vez que lidam simultaneamente com mais de um projeto ou departamento.

Novo projeto, novo cliente

É um desafio. Não só você não sabe a fundo o que está fazendo como também não sabe para quem está fazendo. Se você acaba de começar um novo projeto nessas condições, poderá sentir-se assim.

Para tornar a transição suave e bem-sucedida:

- Siga os passos delineados nas duas seções anteriores.
- Procure associações de classe que possam lhe dar informação e formação, caso necessite.
- Leia o Capítulo 10, "Trabalhar e estudar". Estudar para poder lidar com um novo projeto pode ser um desafio maior do que estudar para passar num exame; neste caso o "teste" é constante e o que está em jogo é mais importante. Quanto mais você souber, melhor poderá ser o seu desempenho. Leia, faça perguntas e seja responsável por seu próprio desenvolvimento profissional.

Um plano para reduzir as suas leituras

Se você optar simplesmente por reduzir a quantidade de leituras, vai poupar bastante tempo.

Se não precisar de algum tipo específico de relatório ou memorando, contate o remetente e peça-lhe para que não o envie mais. O correio interno que não tem nada a ver com você pode consumir tanto tempo como os *spams*.

Reduzir as suas leituras

1. Reúna todos os relatórios e memorandos que tem em sua mesa ou que exigem sua atenção.

2. Conte o número de páginas e avalie o tempo que levaria para ler todos (isso vai lhe dar a motivação para encontrar uma melhor forma de lidar com eles).

3. Olhe para os relatórios e memorandos e descubra se há algum padrão neles. Vêm da mesma pessoa ou escritório? São importantes para o seu trabalho? Têm algum interesse para o assunto em causa? Chegam regularmente sem você os pedir? Pediu-os? Se pediu, com que objetivo?

4. Aplique o Passo 2 (pré-visualização) aos relatórios ao estudar a sua estrutura. Eles estão escritos de tal forma que você consegue reunir a informação de que necessita sem ter de ler todo o documento? Se só lesse os resumos e conclusões, quanto tempo levaria? Seria suficiente? Se não ler o relatório completo, quem o escreveu vai perceber? Se você disser isso ao autor, poderá poupar-lhe algum tempo.

5. Estude o conjunto dos documentos e defina quantas decisões tem de tomar sobre eles. Se chegar à conclusão de que a maior parte dos relatórios e memorandos é apenas para sua informação e que depois não terá de fazer nada com eles, a aparente urgência e importância da maior parte deles vai desaparecer imediatamente.

6. Interrogue-se se seria capaz de obter a informação que consta do relatório ou do memorando, de forma igualmente eficiente, apenas falando com alguém durante alguns minutos.

7. Outra questão a colocar é se a informação no relatório será válida no momento em que necessitar dela. Pergunte-se também se a informação que contém é algo que já sabia.

8. Se você não tem certeza de que precisa ler determinado relatório ou memorando, experimente colocá-lo de lado. Se depois de algum tempo alguém lhe pedir que atue na sequência do relatório, você saberá que tem dar atenção ao documento no futuro mais próximo.

No futuro, assim que um relatório ou memorando cair em suas mãos, analise-o rapidamente interrogando-se se precisa dele. Se não precisar, junte-o ao monte que se encontra na pilha da reciclagem.

Casos verdadeiros (a técnica de Douglas Bader)
Um colega meu tem uma atitude definida em relação ao correio, relatórios e memorandos. Ele segue o conselho de Douglas Bader, um piloto da Segunda Guerra Mundial: tudo que chega vai diretamente para a caixa da reciclagem. A filosofia dele é: se for importante, alguém virá ou telefonará perguntando pelo documento. Meu amigo é o presidente da empresa, portanto poderá safar-se mais facilmente do que outros com essa técnica. É uma estratégia de alto risco, mas é uma abordagem.

Avaliar o seu progresso

Quando você aprende algo de novo, é fácil cair na rotina de se limitar a fazê-lo e esquecer-se de avaliar o seu progresso, de modo que possa garantir que está na direção certa. É muito comum que os velhos hábitos e os novos (maus) hábitos se apoderem da sua estratégia de leitura, ainda que esteja lendo de uma maneira nova e melhor. Para garantir que você está melhorando constantemente, volte ocasionalmente ao princípio para se certificar de que a base da sua estratégia é correta.

Este é o mundo real. Nem sempre temos tempo ou disposição para voltar atrás e reaprender aquilo que nos levou tanto tempo para aprender. Para reforçar as bases facilmente:

- Passe cinco minutos, num intervalo de algumas semanas, fazendo um teste de ler depressa. Selecione alguns textos ou livros, todos de temas diferentes e com vários graus de dificuldade, e siga os passos delineados no Capítulo 2 para avaliar a sua velocidade de leitura.

- Registre o seu desempenho. Se a sua velocidade de leitura ou sua compreensão estiverem afrouxando, dedique, nesse dia ou nessa semana, algum tempo a perceber as estratégias que está utilizando e como melhorá-las.
- Se sua velocidade de leitura e sua compreensão estiverem afrouxando, o mais provável é que você esteja caindo no hábito de não se manter *consciente* enquanto lê. Lembre-se dos exercícios para melhorar a concentração. Pratique-os com a maior frequência possível e escolha um que possa fazer diariamente.
- No início do seu dia, quando estiver planejando suas atividades, faça com que uma delas seja a leitura eficaz e eficiente. Se, quando começa o dia, você se conscientizar das leituras que tem de fazer, vai reparar que está mais atento para esse fato ao longo do dia.

Resumo

1. Evite tornar-se um bloqueio de informação, defina prioridades e delegue as suas leituras.

2. Certifique-se de que tem um objetivo claro para tudo aquilo que lê.

3. Trate cada texto de uma forma diferente. A estratégia de leitura e de memorização que você utiliza vai variar de acordo com o que estiver lendo e com as razões pelas quais o está fazendo.

4. Planeje com cuidado as suas leituras, mesmo que tenha apenas alguns minutos para analisar algo rapidamente.

5. Estabeleça prioridades nas suas leituras, de acordo com os resultados.

6. Certifique-se sempre se quem quer que leia algo rapidamente leu previamente o material e peça para resumi-lo para você.

7. Quando trabalhar com um prazo apertado, faça uma pausa, recoste-se e pense um pouco, limpe a sua mente e especifique claramente o seu objetivo.

8. Quando estiver começando um novo projeto ou trabalho, determine o que precisa saber para desempenhar bem a tarefa e faça, sistematicamente, pesquisa sobre o cliente ou o tema.

9. Faça tudo que puder para reduzir a quantidade de material de leitura que fica na sua mesa.

10. Avalie constantemente os seus progressos.

10
Trabalhar e estudar

Neste capítulo você vai aprender:

- as implicações de frequentar um curso
- como se preparar para as avaliações e exames
- como administrar o seu tempo com eficácia

Se você estiver trabalhando e estudando ao mesmo tempo, é importante que os objetivos a que se propõe sejam alcançáveis e compatíveis com os demais compromissos. É fácil ficar tão absorvido com o trabalho extra que se esqueça de dedicar algum tempo à família e aos amigos. Se você trabalhar e estudar e não reservar algum **tempo de qualidade para se recuperar** (descansar e divertir-se), os seus níveis de estresse irão aumentar e a sua eficácia irá diminuir – frustrando assim todo o projeto.

Neste capítulo vamos abordar as implicações que advêm de frequentar um curso (por exemplo, um MBA ou uma pós-graduação) e o que pode ser feito para tornar a vida mais fácil, mais produtiva e bem-sucedida quando se tem de trabalhar e estudar ao mesmo tempo.

Serão dados conselhos sobre como se preparar para os exames, o que será valioso para aqueles que frequentam cursos com métodos formais de avaliação. Um número crescente de cursos, sobretudo os modulares, não envolve exames.

Antes de começar

Quer frequente o primeiro, segundo ou terceiro ano de um curso, há alguns fatores cruciais nos quais deve pensar antes de começar.

Tempo disponível

Você acha, sinceramente, que tem tempo para dedicar ao curso? Alguns irão responder que "não", mas farão o curso da mesma maneira. Se o seu caso for esse, certifique-se de que as razões pelas quais quer fazer o curso são fundamentadas. Sejam quais forem essas razões, certifique-se de que pode reservar algum tempo para o estudo. Tente estudar num horário fixo. Comece por reservar o tempo que vai dedicar ao estudo um mês antes de iniciar o curso. Isso vai proporcionar à sua família um período de adaptação à nova rotina e vai permitir-lhe habituar-se a despender tempo com o estudo. Sente-se calmamente e concentre o seu espírito fazendo alguma leitura preparatória.

Se ainda houver algum problema:
Se o tempo for realmente um problema e você tiver mesmo de fazer o curso, limite a duração de cada sessão. É melhor estudar durante 30 minutos, três ou quatro vezes por semana, e algumas horas no fim de semana, do que não estudar durante a semana e ter de passar todo o

sábado ou domingo estudando. Pouco mas regularmente é muitas vezes a receita – tal como numa dieta saudável.

Acesso a recursos

Você tem acesso a todos os recursos de que vai necessitar? Está inscrito na biblioteca mais próxima? Precisa se inscrever na biblioteca da universidade? Esta, às vezes, tem material que não encontrará numa biblioteca normal. Você conhece alguém com quem possa falar e discutir os assuntos? Talvez possa estabelecer contato com os professores adequados na universidade local. Tem uma ligação eficiente e segura com a internet?

Apoio da família e dos amigos

Envolva a sua família. Você vai precisar do apoio dela por duas razões:

1. Para lhe dar o espaço e o tempo de que necessita para trabalhar.

2. Para motivá-lo quando se sentir um pouco desanimado (o que acontecerá de tempo em tempo).

Se você tiver filhos, ensine-os a ler depressa e utilize imagens, livros ou ideias do seu curso (dependendo da idade) para dar-lhes uma noção do que está fazendo. Envolva o(a) seu(sua) companheiro(a) tanto quanto ele(a) estiver disposto(a) a se envolver. Quando tiver definido o seu horário para o ano seguinte, pregue-o na porta da geladeira, de modo a que toda a família possa saber dos seus compromissos.

Desejo e objetivo

Certifique-se de que você e sua família sabem exatamente por que razão está frequentando o curso. Qual é a recompensa?

É suficiente para compensar os fins de semana de estudo que terá pela frente?

Preparação pré-curso

Existem diversas formas de se preparar para o curso:

- Durante o mês anterior ao início do curso, reúna a informação de que vai precisar durante a formação, reveja anotações de cursos anteriores e leia material relacionado.
- Você também pode organizar um bom sistema de arquivo para os seus trabalhos ou material de leitura.
- Faça mapas mentais e cartões com referências sobre tudo que já sabe.
- Diariamente, faça uma lista de pelo menos cinco questões que quer ver respondidas por meio do curso que frequenta.
- Diariamente, pergunte-se por que está frequentando o curso. Se continuar a dizer "Não sei", questione-se se deverá prosseguir.

Concluir um curso com sucesso

A semana em que recebe o primeiro material do curso é muito importante. Um dos erros que se comete é ler o que tem de ler apenas quando lhe dizem para fazê-lo. Para se beneficiar totalmente de cada texto que lê e de cada trabalho que faz, siga estes passos, porque eles funcionam:

- Em primeiro lugar, leia a sua lista de tarefas. Se conseguir, arranje as questões dos exames de anos anteriores.
- Quando você já tiver uma ideia dos trabalhos que terá

de entregar, siga o sistema dos cinco passos e cumpra os quatro primeiros, da preparação (o que tem feito de forma generalizada nas últimas semanas) até a leitura ativa. Faça essa tarefa em todos os livros, artigos e documentos que tiver de ler. Enquanto lê, faça anotações meticulosas de tudo que achar interessante, do que lhe parecer um desafio, do que lhe parecer familiar e do que for totalmente novo para você. Mantenha sempre em mente os trabalhos que terá de realizar.

- Em seguida, pegue a lista de perguntas que você formulou durante o mês que precedeu o início do curso, responda às que puder e acrescente mais questões se necessário.
- Estude o seu horário, determine o que tem de estudar, qual é o limite de tempo, e divida o seu estudo em períodos factíveis.

Horário

Quando organizar seu horário, não inclua em todos os dias um tempo para o estudo. Tente manter livres dois dias por semana. Eles representam tempo de qualidade para você se recuperar e também servem para estudo, caso algum dos dias designados para tal tenha falhado. Também é uma boa ideia estar adiantado, cerca de uma semana, em relação às aulas do curso. Podem surgir situações que o obriguem a faltar a sucessivas sessões de estudo, razão pela qual recuperar-se do atraso irá colocá-lo sob muita pressão e aumentar os seus níveis de estresse. No início do curso, aproveite o tempo para planejar; será o tempo mais bem empregado.

Gerir o tempo

Preparar mais do que um trabalho ao mesmo tempo

Embora a maioria dos trabalhos seja sobre diferentes temas abordados no curso, alguns deles podem, de certa forma, estar relacionados entre si. Quando você estiver fazendo pesquisa para um trabalho, tenha em mente o tema dos próximos. Assim, poderá poupar muito tempo. Se encontrar uma ideia ou informação que possa vir a ser útil para trabalhos futuros, anote-a e acrescente observações sobre a razão por que ela lhe chamou a atenção. Não se esqueça de incluir o nome da fonte e o número da página. Depois, arquive conforme o sistema que desenvolveu antes de o curso começar.

Preparar para o exame desde o início do curso

Um erro que muitos cometem é não pensar em estudar para os exames até quase o final das aulas. Se você começar a preparação do exame no início do curso e mantiver isso em mente à medida que escreve e entrega os seus relatórios e projetos, em vez de entrar em pânico uma semana antes, terá várias semanas para fazer revisões livres de estresse.

Fazer revisões

Quanto mais revisões fizer enquanto avança no estudo, melhores serão os seus progressos. Quando você começa a fazer revisões para um exame, poucas coisas são tão alarmantes como descobrir que o material de estudo lhe parece estranho, pouco familiar, apesar de já o ter lido ou até mesmo realizado um trabalho sobre o tema em questão.

Institua o hábito de fazer revisões diariamente. No início de cada sessão de revisão, passe 20 minutos relendo os apontamentos, mapas mentais e cartões com referências, para refrescar a sua memória. Enquanto cumpre isso, faça associações entre diferentes ideias e acrescente novas observações à sua crescente coleção de conhecimentos.

Quanto mais integrado for o seu raciocínio, mais natural se torna a revisão. Se você fizer isso um pouco todos os dias, tudo que precisa fazer para os exames é rever os seus apontamentos (à semelhança do que terá feito desde que iniciou o curso) e acrescentar novas observações e ideias a um já extenso e detalhado conjunto de conhecimentos. Para facilitar este processo, tome notas usando um espaçamento duplo entre as linhas, de modo que sobre espaço para adicionar comentários posteriores.

Preparação para um exame se tiver conseguido estruturar o curso

Se você conseguiu estruturar o seu curso e fazer revisões diariamente, e já começou a se preparar para o exame logo no início do curso, em vez de guardar para o final, está totalmente preparado para fazer a prova com sucesso.

Preparação para um exame se não tiver conseguido estruturar o curso

Se não tiver tido tempo para estruturar o seu curso e as aulas já estiverem avençadas, há uma forma de assegurar que conseguirá realizar o exame com sucesso. Aqui vai um procedimento para aplicar à sua leitura para garantir que será bem-sucedido sem o desnecessário estresse:

- Determine quantos dias de estudo você tem disponíveis até o dia do exame ou até o final do curso. Seja realista nessa apuração. Se também estiver trabalhando em tempo integral, lembre-se de que só lhe restam as primeiras horas da manhã, as noites e os fins de semana e que terá de conciliar isso com o resto da sua vida.

- Defina com exatidão aquilo que tem de estudar. Geralmente você terá um certo número de livros e talvez algumas fitas gravadas, uns quantos programas de televisão e anotações de várias palestras. Ao juntar todo esse material, verá que a quantidade de informação que terá de absorver é limitada. Isso vai ajudar a animá-lo.
- Analise o calendário do curso e as anotações e faça uma lista das diversas áreas que tem que cobrir.
- Em cada área, anote os capítulos, as fitas gravadas, os vídeos e as palestras (inclua todas as fontes) em que tem de ir buscar informação.
- Organize as áreas por ordem informativa. Alguns temas servem de base para outros, razão pela qual deve abordá-los primeiro. A ordem segundo estuda os diferentes temas é da sua escolha e dependerá dos seus atuais conhecimentos no momento.
- Quando englobar todas as áreas e identificar todas as fontes de informação para cada uma delas, coloque-as em sequência e crie um calendário de trabalho que seja realista e exequível. Não se esqueça de incluir TQR (Tempo de Qualidade para Recuperar).
- No calendário que formular, você não deve se obrigar a começar a estudar às 4 da madrugada e pegar nos livros assim que voltar a casa depois do trabalho – isso se quiser evitar dar cabo de si. Deixe espaços no seu horário para muito TQR.
- Trate o processo de aprendizagem autorrecompensan-

do-se por cada meta atingida (pelo menos uma por dia). Escolha formas que não façam disparar as suas despesas com o dentista ou o médico – experimente fazer ciclismo, passeios no campo ou praticar natação. Evite, se possível, o chocolate e o café; mas se quiser mesmo café, siga o conselho da dra. Chris Fenn (ver Capítulo 11) e escolha o melhor.

Se estiver estudando e trabalhando ao mesmo tempo, os fatores mais importantes são ter um objetivo claro, uma motivação definida e tanto apoio quanto consiga reunir. Acima de tudo, divirta-se!

Casos verdadeiros

Parte do que faço é ensinar técnicas de aprendizagem rápida a estudantes. Certa vez um aluno debatia-se com dificuldades específicas. Seu exame se aproximava e ele não conseguia se acalmar e estudar. Depois de tentar tudo, desde aprender técnicas de elaboração de mapas a frequentar aulas extras e apoio individual por parte dos seus professores, ele já considerava desistir. Pensou, no entanto, que em vez de desistir deveria fazer uma última tentativa.

No final do período, todos os alunos escolheram um tema que lhes interessasse, sobre o qual fizeram pesquisa, e o ensinaram ao resto da turma. Esse meu aluno focalizou-se no seu trabalho de curso. Pensou que, se tentasse ensinar a outros o que ele próprio estava tentando aprender, talvez fosse capaz de encontrar as falhas do seu próprio entendimento sobre o tema. Assim, começou a preparar a aula que ia dar. Quando chegou sua vez de falar, ocorreram várias coisas. Em primeiro lugar, ele gostou de falar sobre o tema; em segundo, vários elementos do grupo colocaram-lhe questões e ele foi capaz de responder; e, em terceiro lugar, ele percebeu que aprende melhor quando está mostrando a outros como fazer algo, dado que tem de se preparar para isso.

Como resultado, ele reuniu um grupo de colegas e dividiram entre si o trabalho que tinham de fazer. Cada um estudou os capítulos que lhe estavam designados. Reuniam-se de dois em dois dias para ensinar uns aos outros o que tinham aprendido.

Ele fez o exame e passou sem dificuldade.

Resumo

1. Certifique-se de que dispõe do tempo, dos recursos, do apoio e da vontade necessários antes de se empenhar em estudar e trabalhar ao mesmo tempo.

2. Prepare-se para o curso antes de começá-lo.

3. Envolva sua família, amigos e colegas.

4. Poupe tempo, à medida que estuda, pensando antecipadamente.

5. Divida o material de leitura em quantidades viáveis.

6. Comece por ler todo o material do curso, desde o seu início, de modo que obtenha uma visão ampla da sequência dele. Isso vai ajudá-lo a dar sentido ao que estiver fazendo.

7. Faça revisões com regularidade.

8. Divirta-se.

11
Informação útil e teste prático de velocidade

Neste capítulo você vai aprender:

- prefixos, sufixos e raiz da palavra – a criação de uma palavra
- linguagem crítica para uma leitura crítica
- como estabelecer a sua velocidade de leitura

A constituição da língua

O material a seguir é informação útil. Não se trata de um pré-requisito para começar a praticar a velocidade de leitura. No entanto, quanto mais competências e informação você tiver, mais rápida se tornará a sua leitura.

Exercício 1

Este exercício tem a ver com o que se encontra em uma palavra:

- Estude as raízes, os sufixos e os prefixos que virão a seguir.
- Pense em seu vocabulário falado, escrito e reconhecido.
- Pense numa palavra que contenha cada um desses prefixos, sufixos e raízes das palavras.

Raízes	Significado	Raízes	Significado
aeri, aero	ar	hipo	cavalo, inferioridade
algia	dor	homo	igual
auto	próprio, por si mesmo	iso	semelhante, igual
bio	vida	logia	tratado, ciência
beli	guerra	macro	grande
céfalo	cabeça	mono	um só
cracia	poder	morti	morte
crono	tempo	neo	novo
demo	povo	omni	todo, tudo
dromo	local para correr ou atuar	pato	doença
		pede	pé
ego	eu	pedo	criança
eno	vinho	piro	fogo
equi	igual	pluri	vários
filia	amizade	pole	cidade
fobia	medo, aversão	poli	vários, muito
fobo	que odeia, inimigo	proto	primeiro, principal
fono, fonia, fônico	som	pseudo	falso
forme	ideia de forma	quiro	mão
gamo, gamia	casamento, união	retro	para trás
geo	terra	sofia	sabedoria
grato, grafia	escrever	tele	longe, a distância
hemi	metade	teo	deus
hidro	água	tomia	corte, separação
hetero	diferente, outro	uni	um

Prefixos

Prefixo	Significado
a-, ab-, abs-	afastamento, separação
a-, ad-	aproximação, movimento para, junção, direção
além-	posteridade
an-	privação
anfi-	ideia de movimento circular
ante-	anterioridade
anti-	oposição, ação contrária
apo-	afastamento, privação, sobre
arqui-, arque, arci-,	superioridade, intensidade

Prefixo	Significado
arce-, arc-	
bem-, ben-, bene-	ideia de bem, a favor de
cata-	união, contra, embaixo, para baixo
circum-, circun-	movimento circular, em volta de
cis-	anterioridade no espaço
com-, con-, co-	união, simultaneidade, companhia
contra-	oposição, proximidade
de-, des-	separação, ideia contrária, intensidade, movimento de cima para baixo
dia-	movimento através de
di-, dis-	movimentos em vários sentidos, ideia contrária
en-, em-, e-	movimento para dentro, mudança de estado, posição interior
endo-	interioridade, movimento para dentro
entre-	posição intermediária, posição superior, sobre
epi-	ideia de bem, excelência
eu-, ev-	movimento de dentro para fora, supressão, ação de
ex-, es-, e-	tirar, estado ou profissão passados
extra-	exterioridade, além de, intensidade
hiper-	posição superior, intensidade, excesso
hipo-	posição inferior, escassez
in-, i-, im-,	movimento para dentro, ideia contrária, negação
inter-	posição intermediária
intra-, intro-	interioridade, movimento para dentro
justa-	aproximação
mal-	ideia de mal
meta-	mudança para além de
ne-	ideia contrária, negação
ob-, o-	oposição, inversão
para-	aproximação, tendência, contra
pene-, pen-	aproximação, semelhança, ideia de quase
per-	movimento através de, acabamento, intensidade, superlativação
peri-	em volta de
pos-, pós-	posição posterior
pre-, pré-	posição anterior, intensidade
preter-	anterioridade, para além de, excesso
pro-, pró-	movimento para diante, substituição, a favor de
re-	movimento em sentido contrário, intensidade, repetição

Prefixo	Significado
retro-	movimento para trás
sin-, sim-, si-	união, simultaneidade, junção
sobre-, super, supra-	posição superior, por cima, excesso, excelência
sota-, soto-	posição inferior, subordinação
sub-, su, sob-, so-	posição inferior, subordinação
trans-, tras-, tra-, tres-, tre	movimento para além de, intensidade, excesso
ultra-	movimento para além de
vice-, vis-, vizo-	substituição, em vez de

Sufixo

Sufixo	Significado
-aço, -ada, -ado, -agem, -ugem, -al, -ama, -ame, -aria, -ário, -edo, -eiro, ento, -ia, -io, -ido, -(t)ório, -ouço	abundância, ajuntamento, reunião, medida
aço, -ada, -(a)gem, -ança, -ença, -ância, -ência, -ão, -ção, -dela, -(d)ura, -mento, -(t)ura	ação, resultado da ação
-ário, -(a)nte, -(e)nte, -(i)nte, -(u)nte, -ão, -eiro, -(d)eiro, -ino, -ista, -iz, -or, -(d)or, -(t)or	agente, profissão
-aço, -aça, -uça, -alha, -alhão, -ão, -arrão, -arra, -(z)orra, -ázio, -eirão, -zão, -zarrão	aumento, grandeza
-acho, -icho, -ucho, -ato, -ebre, -eco, eca, -ejo, -el, -ela, -eta, -ete, -eto, -ico, -iço, -ículo, ícula, -ilha, -ilho, -elho, -im, -inho, -inha, -ino, -isco, -ito, -ita, -ola, -ota, -ote, -oto, -ulo, -ula, -únculo, -úncula, -zinho, -zinha, -zito, -zita	diminuição, pequenez
-ado, -ato, -al, -aria, -ia, -dor, -doiro, -douro, -eiro, -tório	lugar, instrumento

Sufixo	Significado
-eiro, -eira	plantas
-al, -(a)nte. -(e)nte. -(i)nte, -ato, -(á)vel, (í)vel, -dade, -(i)dão, -doiro, -(d)ez, -eza, -ia, -iça, -ice, -ícia, -ície, -il, -or -ume, -ura	qualidade, estado

Linguagem crítica para leituras críticas

Exercício 2

As palavras a seguir são essenciais. Melhore a utilização que faz delas:

- Escreva a definição de cada palavra.
- Se não tem certeza, procure o significado no dicionário.
- Familiarize-se com elas e divirta-se pensando de forma crítica (mas com um espírito aberto).

Linguagem crítica	
Análise	
Avaliação	
Comparação	
Conclusão	
Conotação	
Dedução	
Denotação	
Entoação	

Linguagem crítica	
Generalização	
Interpretação	
Linguagem figurativa	
Metáfora	
Opinião	
Parecer	
Prova	
Símbolo	
Suposição	
Validação	

Calcular a sua velocidade atual de leitura

O método para medir a sua velocidade de leitura é explicado no Capítulo 2. Se preferir não utilizar uma seleção de livros para determinar sua velocidade de leitura, utilize este excerto. Os conteúdos também são relevantes e úteis.

Excerto de *The energy advantage,* da dra. Chris Fenn

Os benefícios de abandonar a cafeína

Descobri, pela experiência pessoal, os benefícios de abandonar o estimulante e deixar de depender da cafeína para conseguir aguentar o dia. Tudo começou há alguns anos, quando um amigo me pediu um conselho, queixando-se de que andava com falta de energia.

Tinha um novo emprego, no qual queria ter um bom desempenho, mas todas as manhãs ele arrastava seu corpo de 38 anos para fora da cama, seguindo-se uma luta contínua durante o resto do dia. Todos os dias ele corria para a estação para apanhar um dos primeiros metrôs para o trabalho. Invariavelmente, adormecia durante as duas horas do percurso, pensando que estava cansado por ter levantado tão cedo.

Quando chegava ao escritório, tomava de imediato um café, antes mesmo de pensar em fazer qualquer outra coisa. "Precisava de um café para começar e depois bebia chá ou café ao longo do dia." Ele também comia barras de chocolate na esperança de que estas lhe dessem um impulso rápido da energia de que necessitava. Independentemente do que fizesse, sentia-se sempre cansado e, com reuniões e apresentações importantes para fazer, todos os dias eram uma verdadeira luta. Ele queria que eu lhe recomendasse algum novo comprimido energético ou uma bebida vitaminada que impulsionasse o seu sistema.

Depois de ter examinado detalhadamente o que ele andava comendo, decidi nada acrescentar à sua dieta para aumentar seus níveis de energia, mas antes retirar algumas coisas, entre elas o açúcar e a cafeína. Cheguei à conclusão de que também eu andava tomando muito café. Assim, há quatro anos ambos concordamos em desistir da cafeína.

Isso acabou se revelando um desafio para nós, especialmente a fase de superar os sintomas iniciais da abstinência. Suportamos muitas dores de cabeça, tensões no pescoço e mal-estar – na realidade, os sintomas eram semelhantes a uma gripe e duraram cerca de cinco dias. Mas, oh!, valeu a pena; agora somos pessoas diferentes! Meu amigo já não se sente cansado e tem de comprar dois jornais que lê de cabo a rabo durante o percurso até o trabalho. E já não corre para o café nem suspira por chocolate.

Ele se sente vivo, gosta verdadeiramente do seu trabalho e está muito mais produtivo porque se sente tão bem – ainda que continue a estar sob muita pressão. Também me sinto diferente e muito menos tensa sem a cafeína a percorrer meu organismo todos os dias. Até tenho mais energia do que costumava ter (o que para uma nutricionista é um bom sinal!) e estou mais calma apesar de gerir o meu próprio consultório, dar seminários e palestras, conceber e administrar os meus próprios cursos e trabalhar em televisão e em rádio! Gosto do sabor do café, mas se bebê-lo agora pouco depois me sinto preguiçosa e fico com dor de cabeça. Prefiro sentir o aroma dele quando vou a um café, que é muito mais agradável do que os efeitos da cafeína no organismo.

Apesar de estar muito contente com os benefícios que duas pessoas obtiveram quando desistiram da cafeína, isso me pôs a pensar – questionei-me se outras pessoas iriam sentir os mesmos benefícios. Foram feitos muitos estudos para analisar os efeitos da cafeína na pressão sanguínea, no ritmo cardíaco ou na função dos rins. Mas até agora, que eu saiba, não se fez nenhum que investigasse os efeitos na personalidade e no desempenho intelectual em geral.

Eu tinha um contrato com o programa *Promoção de um Estilo de Vida Saudável,* que era gerido pela gigantesca empresa petrolífera Shell. Esse trabalho implicava deslocamentos a uma série de plataformas petrolíferas no Mar do Norte para fazer seminários e palestras às equipes em alto-mar. O álcool é proibido nesses locais – mas, em vez disso, eram consumidas enormes quantidades de café e outras fontes de cafeína. Essa era uma oportunidade ideal para levar a cabo um pequeno projeto de investigação sobre os efeitos de deixar (ou reduzir) a cafeína. Era um estudo muito simples, que implicava preencher questionários.

Primeiro, eram colocadas questões aos voluntários sobre quem eles eram, seu horário de trabalho e a quantidade de cafeína que consumiam diariamente; também lhes era pedido para fazerem uma autoavaliação quantitativa do seu estado físico e intelectual. Eles aceitavam então o "Desafio Cafeína", que consistia em deixar a cafeína durante um mês. Após quatro semanas eles recebiam um segundo questionário que lhes pedia novamente para avaliar e descrever sua disposição e estado intelectual. À medida que os questionários iam chegando, tornava-se claro que os indivíduos que trabalhavam nas plataformas em alto-mar realmente consumiam grandes quantidades de cafeína (a quantidade ingerida diariamente era de 929 mg).

Os trabalhadores dos escritórios sediados em terra também foram encorajados a aceitar o "Desafio Cafeína". Tendo à disposição uma máquina de café em cada piso, também eles dependiam bastante desse estimulante (a média diária ingerida era de 903 mg). A dose de 100 mg (a quantidade de uma única xícara de café) normalmente produz os efeitos estimulantes que associamos à droga. Uma ingestão superior a 500 mg por dia é considerada elevada e é o nível em que muitos indivíduos começam a sentir os efeitos perversos do estimulante: mau humor, ansiedade, inquietação e tensão.

Fiquei espantada e surpreendida com as inúmeras formas como muitas das "cobaias" se beneficiaram com a abstenção de cafeína ou a redução significativa de sua ingestão. Vários engenheiros em alto-mar disseram que já não sentiam dores de cabeça e que podiam trabalhar muito mais produtivamente em equipe, porque já não estavam tão tensos e aborrecidos. O responsável pela segurança estava encantado, pois os zumbidos nos seus ouvidos tinham desaparecido. Mike, que trabalhava na sala de controle de voo do helicóptero, disse que todos os anos, ao longo dos últimos 16, tinha tentado deixar de fumar, mas acabava sempre desistindo em algumas semanas. Desde que tinha deixado a cafeína, já estava havia sete meses sem fumar. "Sempre associei o cigarro a beber café, mas agora não sinto falta nem de um nem de outro!"

Paul trabalhava como programador de computadores, algo que gostava de fazer; mas todos os fins de semana tinha dores de cabeça e em geral se sentia deprimido, cansado e ansioso. Sua mulher reclamava de seu mau humor, especialmente porque este desaparecia rapidamente assim que ele voltava ao trabalho, portanto, quando estava longe dela! A participação no "Desafio Cafeína" demonstrou que Paul bebia continuamente café forte ao longo do dia, o que significava que nos fins de semana, quando praticamente não bebia café, exibia sinais de abstinência. Paul reconheceu que, se mudasse os seus hábitos de consumo de café no trabalho, provavelmente iria salvar seu casamento! Eu sem dúvida aliviei os seus rins supercarregados. A cafeína é um diurético, que estimula artificialmente a produção de urina. Muitas das cobaias "mudadas" disseram que não tinham de ir ao banheiro com tanta frequência (especialmente durante a noite) depois de terem reduzido a quantidade de cafeína ingerida! Isso tem as suas vantagens práticas, mas também significa que o corpo retém mais as vitaminas vitais que, de outra forma, são expelidas devido ao aumento diário do fluxo de urina. Normalmente os rins são capazes de expelir seletivamente os químicos tóxicos, mas retêm os nutrientes essenciais. As vitaminas do complexo B são as mais afetadas quando se consomem grandes quantidades de cafeína. Estas desempenham papel fundamental na energia do metabolismo e, portanto, com uma grande ingestão de cafeína, o corpo vai perdendo muitos nutrientes que não estão só na mente, mas também no corpo!

A cafeína e o sono

Os relatórios altamente subjetivos dos indivíduos que repararam que dormiam muito profundamente depois de terem participado no "Desafio Cafeína" confirmam os resultados de outra experiência, muito mais controlada, sobre os efeitos da cafeína no sono, levada a cabo no Japão. Os voluntários que tomaram 150 mg de cafeína demoraram em média 126 minutos para adormecer, contra os 29 minutos daqueles que não tinham ingerido. Os usuários de cafeína dormiam um total de 281 minutos no laboratório, enquanto os não usuários dormiam 444 minutos.

Gravações da atividade elétrica do cérebro mostraram que a cafeína, em todos os casos, alterava significativamente os padrões normais de sono, e muitos estudos semelhantes confirmam essas conclusões. Os resultados também mostram que os usuários de cafeína são acordados mais facilmente por ruídos repentinos, mexem-se mais e, em geral, dormem menos tranquilamente – e, quando questionados sobre o acordar, dizem que não sentem que tenham tido uma boa noite de sono.

Um corpo adormecido dá a sensação de estar totalmente desligado; não está... [Dormir] é um momento em que transmissores e células são recarregados, o cérebro se recupera do estresse e das tensões do dia e os tecidos são revitalizados. Em suma, é tão importante para a atividade subconsciente como para a passividade física.

Existem dois tipos de sono: o sono correspondente à fase dos sonhos, também conhecido por REM (Movimento Rápido Ocular), e a fase do sono profundo, ou não REM. O crescimento e reparação do corpo ocorrem durante o sono profundo, mas o REM (que ocorre mais para o final do período do sono) serve para a reparação psicológica. Esse é o momento em que a mente pode soltar-se e pôr em ordem informação armazenada no seu subconsciente durante o dia.

É o melhor momento para encontrar soluções para os desafios que você simplesmente não conseguiu desvendar durante as horas em que esteve acordado. Com um sono REM inadequado tornamo-nos rabugentos, irritadiços, tensos e menos capazes de nos concentrar. Pensa-se que a cafeína pode afetar a qualidade do sono REM e, assim, contribuir para a sensação de inquietação em um nível mais profundo.

Agora você já deve estar convencido de que vale a pena tentar desistir da (ou reduzir a) ingestão de cafeína. No mínimo, poderá descobrir os benefícios de fazê-lo. Uma pergunta que me fazem frequentemente é: "O que posso beber em substituição?"

Lembre-se de que é importante beber pelo menos três litros de líquido por dia. Quando você deixa de beber café, precisa encontrar uma bebida de substituição – que não contenha cafeína. Alguns refrigerantes contêm cafeína, que normalmente é adicionada como aromatizante e deverá estar na lista de ingredientes exposta no rótulo...

A quantidade exata de cafeína numa xícara de café ou chá varia muito. Na de café, oscila entre 30-180 mg, e na de chá, entre 20-60 mg. A grande variação é explicada principalmente pela xícara, pela quantidade e qualidade do café ou das folhas de chá utilizadas, assim como pelo método de infusão. Por exemplo, o café filtrado, surpreendentemente, contém mais cafeína do que o café coado, que por sua vez contém mais cafeína do que o café instantâneo. A razão é que, ao filtrar o café, apesar de a água passar apenas uma vez pelos grãos, quase toda a cafeína é dissolvida devido ao café estar moído mais fino. Passar a água pelo café repetidamente, como acontece no método de coar, apenas faz com que as outras substâncias que se encontram no grão vão para a solução. Apesar de a quantidade real de cafeína no chá ser maior que no café, em média uma xícara de chá contém menos. A cafeína também é liberada mais lentamente das folhas de chá, especialmente se as folhas estiverem em sachês.

É possível reduzir drasticamente as quantidades de cafeína que você ingere simplesmente bebendo chá em vez de café. Essa é uma boa notícia para todos aqueles que, realmente, gostam de uma xícara de chá ou que têm de escolher uma bebida quando a oferta se reduz a chá ou café. O chá verde chinês é praticamente isento de cafeína e cai melhor quando ingerido sem leite. Tem um sabor ligeiramente fumado, o que é algo diferente e, por isso, talvez requeira tempo para se aprender a apreciar. O mesmo se passa com muitos dos novos chás de ervas e frutas que têm aparecido no mercado como bebidas alternativas, sem cafeína. Nos últimos anos as vendas desses produtos dispararam na Grã-Bretanha, e em 1996 os britânicos beberam 1,4 bilhão de xícaras de chá de ervas. Isso é uma pequena quantidade quando comparada com outros países europeus: 70% dos alemães e 50% dos franceses bebem diariamente chás de ervas. Os chás de ervas são feitos com flores, folhas e caules de todo tipo de planta aromática. Além de não terem cafeína, suas propriedades ligeiramente medicinais são reconhecidas há séculos. Se você quiser experimentar, tente o seguinte:

Camomila – para acalmar a sua digestão e como um sedativo e relaxante ligeiro.

Hortelã-pimenta – para ajudar a digestão e aliviar a flatulência.

Urtiga – como um tônico geral, mas também para acalmar os nervos.

Flores de lima – para aliviar a ansiedade e a tensão nervosa.

Gengibre – um agente antisséptico e anti-inflamatório interno.

Flor de Sabugueiro – tônico geral e um laxante ligeiro.

Os chás de frutas são água aromatizada. Se você ler a lista de ingredientes, vai descobrir que qualquer chá de fruta inclui sempre hibisco e bagas de roseira-brava. Isso dá ao chá aquilo que os seus fabricantes chamam "corpo". Depois, são adicionados sabores à mistura base para criar todo tipo de chá, que vão desde morango até as misturas mais exóticas, como "manga e maçã" ou "maracujá e pera". São uma boa escolha se você quer uma bebida sem cafeína – e, com todas as variedades existentes no mercado, você não corre o risco de vir a enjoar por ter de beber sempre o mesmo sabor.

Os substitutos do café, que nunca viram um grão de café, também estão disponíveis e são populares. Normalmente contêm uma mistura de cevada, chicória, figo, centeio, trigo, raízes de dente-de-leão e bolotas. Procure evitar os que contêm guaraná – uma planta brasileira que é fonte de cafeína!

E café e chá descafeinados?

Se você quer reduzir a quantidade de cafeína que ingere mas ainda gosta do sabor do café, então escolha o descafeinado. Mas verifique primeiro o rótulo, porque há dois métodos diferentes para retirar a cafeína dos grãos de café, e um é muito mais saudável que o outro.

A cafeína é removida dos grãos de café ou das folhas de chá enquanto ainda estão verdes, antes de serem, respectivamente, torrados ou fermentadas, através de uma lavagem com água ou com um solvente. Os solventes utilizados são o cloreto de metila (diclorometano, que é a base de solventes) ou o cloreto de etila (ou acetato de etila, mais conhecido como o fluido das lavagens a seco). Esses solventes podem deixar resíduos que provavelmente são tão maléficos como a cafeína que removeram. O outro método, conhecido como "método suíço", envolve água, dióxido de carbono e vapor para extrair a cafeína. É mais caro, mas, obviamente, não deixa resíduos perigosos. Ambos os métodos envolvem fortes tratamentos de aquecimento que podem destruir o sabor de alguns dos componentes do café.

A maior parte dos chás descafeinados é feita utilizando o método de extração por solvente, mas é preciso ler o rótulo para verificar qual método foi utilizado. Se o rótulo for vago quanto ao método de remoção da cafeína é porque provavelmente foi utilizado o recurso de um solvente!

A cafeína pura que é extraída não é desperdiçada. É adicionada a refrigerantes, muitos medicamentos para as constipações, que não necessitam de receita médica, e comprimidos para dores de cabeça. Portanto, se você sentir dor de cabeça por ter reduzido a quantidade de cafeína que costumava ingerir, lembre-se de não recorrer a uma fonte alternativa na forma de um comprimido para as dores de cabeça!

Perguntas

1. O que o amigo da autora queria? Em contrapartida, o que ele recebeu?

2. Quais duas substâncias a autora recomendou que seu amigo reduzisse?

3. A autora juntou-se ao exercício. Verdadeiro ou falso?

4. De quais sintomas os trabalhadores sofriam por reduzir a ingestão dessas substâncias?

5. Em qual efeito da cafeína se concentrou o estudo feito pela autora e em qual empresa ela fez esse estudo?

6. Quanto tempo os voluntários tiveram de se abster do consumo de cafeína? Por três semanas, um mês, dois meses?

7. Quais foram os resultados da experiência tendo em conta os efeitos da cafeína no sono?

8. Quais são os dois tipos de sono?

9. O que acontece durante cada um deles?

10. É importante beber dois, três ou quatro litros de líquido por dia?

11. Qual a diferença entre chás de ervas e chás de frutas?

12. Dê alguns exemplos de substitutos do café.

13. O que é o guaraná?

14. Descreva as duas maneiras diferentes de extrair a cafeína do café.

15. Para onde vai a cafeína extraída do café?

12
E a seguir?

Neste capítulo você vai aprender:

- a receber conselhos sobre como desenvolver novos métodos de leitura
- a melhorar os seus hábitos

Orientações para o programa de 21 dias

Quando você aprende algo novo, o mais provável é passar por um período durante o qual sabe como fazê-lo, mas tem consciência de que ainda não domina o assunto totalmente. Este é o momento mais delicado da aprendizagem. Se não continuar e não integrar o que aprendeu à sua forma de pensar e trabalhar, os seus esforços vão ser desperdiçados.

Receber a informação é fácil – você lê um livro, frequenta um curso, ouve uma fita gravada. Quando a informação está na sua cabeça, o que acontece a seguir depende de você mesmo. Utiliza a informação ou não? Põe os livros do curso na prateleira para "mais tarde" ou não? Pensa "Humm, interessante..." e volta aos seus velhos hábitos?

É necessário decisão e ação. A decisão leva uma fração de segundo. Você vai transformar-se no melhor que conseguir?

Quando você toma essa decisão, é importante construir um plano. O problema quando tenta mudar de hábito é que os velhos costumes resistem. Uma forma de tornar o processo de mudança mais fácil é criar um plano diário. Em vez de fazer tudo num só dia e se sentir esmagado, complete a tarefa um pouco de cada vez.

A primeira vez que criei um desses programas, dedicava quatro horas por dia à nova tarefa. O programa começava às 5 da manhã e acabava às 9; então eu tomava o café da manhã, fazia uma corrida revigorante e estava pronta para o resto do dia. Mantive-me assim por dois dias. Estava começando cedo demais, dedicava tempo demais à tarefa, tentava decorar demais e passava o resto do dia meio sonolenta e irritadiça.

As regras para o programa de 21 dias fazem parte, em geral, do senso comum:

- **Não faça o seu programa nem demasiado fácil nem demasiado difícil.** O programa que vai criar deve ser suficientemente fácil para que saiba que é possível, mas ao mesmo tempo deve ser um desafio suficientemente forte para que se sinta estimulado.
- **Selecione temas que lhe interessam.** Se você precisa ler material que não é particularmente interessante durante o seu dia normal de trabalho, então escolha outro material mais interessante para desenvolver as suas competências de leitura rápida.
- **Construa com base na variedade.** Pratique ler depressa em certo dia com um romance; no dia seguinte, tente um jornal; depois pratique com revistas que precisa muito ler. Em todas as vezes, o objetivo é ler o máximo possível, utilizando a técnica mais eficaz.

- **Dedique 20 minutos por dia.** Para praticar ler depressa, utilize 20 minutos como parâmetro. Se apenas tiver dez minutos, não há problema, desde que todos os dias passe a mesma quantidade de tempo trabalhando na sua nova competência. O Capítulo 3 tem exercícios para ajudá-lo. A melhor hora para praticar é de manhã, porque funcionará como uma advertência para que preste atenção à sua leitura ao longo do dia. Se você só puder dedicar 20 minutos à noite, então lembre-se pela manhã, quando planeja o seu dia, de que reservou esses minutos e que pretende estar atento ao que vai lendo ao longo do dia.
- **Integre seu novo conhecimento.** Utilize as suas competências durante o dia. Pratique ler depressa sempre que ler alguma coisa: o correio, cartas, jornais, livros, *e-mails,* memorandos, embalagens de caixas de cereais – tudo.
- **Mantenha seu objetivo bem definido.** Se não tiver um objetivo, rapidamente irá perder o interesse. Tenha em mente a razão pela qual está aprendendo a ler depressa. O que quer fazer com o tempo extra que tem? O que é que o fato de ler depressa ira fazer por você?
- **Pratique diariamente.** Quanto mais consistente for o seu treino, melhor se tornará. Se você praticar ler depressa em um dia mas se esquecer de fazer nos seguintes, o mais provável é que os treinos fiquem cada vez mais espaçados, e seu progresso será menor.
- **Ensine alguém.** Quando você é capaz de ensinar a alguém o que aprendeu, prova que aprendeu bem. Se tiver filhos, ensine-os – qualquer idade é uma boa época para

aprender. Se não tiver resposta para todas as suas questões, use o sistema dos cinco passos para encontrá-las.

- **Leia em grupo.** Organizar um grupo de leitura é uma excelente maneira de assegurar que está praticando. Promova encontros mensais ou mais frequentes, se assim desejar. Estabeleça um duplo objetivo para o grupo: em primeiro lugar, a discussão do conteúdo de livros, artigos e trabalhos que tenham lido; e, em segundo, a discussão dos métodos de leitura que usaram ou com os quais tenham tido dificuldades. Comece também a exploração de novos métodos de leitura eficaz e aborde-os no grupo. A motivação do grupo irá impulsionar a sua aprendizagem. Quanto mais pessoas envolver no seu processo de aprendizagem, mais fácil será manter-se motivado. Ajuda ter alguém que nos encoraje quando estamos em dificuldades.
- **Aprenda algo novo todos os dias.** Acrescente algo de novo ao seu conhecimento, por mais insignificante que seja. Carregue um caderno de anotações que lhe permita registrar as suas notas. Ficará surpreendido com a velocidade de crescimento da sua cultura geral.
- **Aprenda uma palavra nova todos os dias.** Quanto melhor for o seu vocabulário, mais depressa será capaz de ler.
- **Seja flexível.** Se achar o seu programa fácil ou difícil demais, altere-o.
- **Não pare depois dos 21 dias.** Depois dos primeiros 21 dias, você terá assimilado com sucesso as bases para ler depressa, desde que tenha praticado o suficiente. Depois, leve a sua leitura para outro nível. Você já criou

o hábito de reservar tempo para exercitar uma nova competência. Mantenha esse tempo disponível e use-o para desenvolver outra competência, aplicando as suas capacidades de ler depressa e expandindo-as enquanto aprende outra coisa.

Um conselho útil é manter um pequeno caderno de anotações no qual deve registrar comentários sobre as atividades diárias de leitura. Você pode usar o mesmo caderno das minilições diárias ou outro, em separado. O que sentiu ou pensou enquanto lia? O que foi fácil? Quais as dificuldades? O que mudaria na forma como leu nesse dia? Que dúvidas tem?

Calendário para ajudá-lo a elaborar o seu programa de 21 dias

Exemplo

Dia	Material de leitura	Tempo	O que aprendi?	Palavra nova
1	O jornal matinal em menos de 20 minutos. Objetivo: praticar os 5 passos e obter informação.	20 min (6h00-6h20)	Novos desenvolvimentos no tratamento da anemia.	Hemoglobina: proteína que confere cor aos glóbulos vermelhos.

Dia	Material de leitura	Tempo	O que aprendi?	Palavra nova
1				
2				
3				
4				
5				
6				

Dia	Material de leitura	Tempo	O que aprendi?	Palavra nova
8				
9				
10				
11				
12				
13				
14				
15				
16				
17				
18				
19				
20				
21				

Ensine a alguém as bases de ler depressa

Pode acontecer de você ter um filho, um amigo ou colega que queira aprender. Seguem-se algumas instruções para ensiná-los eficazmente e, ao mesmo tempo, consolidar a aprendizagem:

1. Acabe de ler este livro. Certifique-se de que lê o livro todo e que o compreende completamente. Se for ensinar alguém, você terá de saber do que vai falar. Mantenha o livro à mão enquanto ensina, de modo que encontre resposta para qualquer questão sobre a qual tenha dúvidas. Quando procurar as respostas, faça-o em conjunto. Assim, ambos estarão envolvidos e o processo de aprendizagem ficará mais ativo para o seu aluno.

2. Primeiro, descubra o que o seu aluno já sabe ou pensa sobre ler depressa e quais as dúvidas que tem. Conversem sobre a sua estratégia de aprendizagem.

3. Explique um pouco sobre cada um dos aspectos de ler depressa que vai ensinar, de uma forma que seja interessante para o seu aluno (que pode ser diferente daquela que escolheria). Os aspectos enumerados em seguida englobam o que alguém precisa saber para entender o básico:

- Determine a sua velocidade de leitura atual.
- Como usar um marcador para aumentar a sua velocidade de leitura.
- Diferentes técnicas de memorização.
- O sistema dos cinco passos.
- Utilização eficaz da visão incluindo exercícios para os olhos.
- Leitura flexível – leitura de diferentes tipos de documento.
- Problemas e soluções.

Determine a velocidade de leitura atual do seu aluno e aumente-a

1. Para determinar a velocidade de leitura, consulte o Capítulo 2. Utilize o texto da dra. Chris Fenn que se encontra no Capítulo 11 ou peça a seu aluno que selecione seis tipos diferentes de texto. Elabore uma tabela de velocidade de leitura para o aluno utilizar.

2. Uma vez determinada a sua velocidade de leitura, aborde os diferentes fatores que podem prejudicar essa velocidade e o que pode ser feito para eliminá-los.

3. Explique como utilizar um marcador. Peça-lhe para colocar uma caneta ou o dedo no começo de cada linha e que acompanhe a sua contagem. Conte de 1 a 10 cinco vezes, começando uma contagem a cada dois segundos e aumentando para duas contagens por segundo. Peça a seu aluno para acompanhá-lo em um ritmo de uma linha por contagem, independentemente da velocidade que imprima à contagem. Diga-lhe que não tem importância se o ritmo se tornar muito rápido, a ponto de ele não conseguir ler todas as palavras – tudo que ele tem de fazer é habituar-se ao marcador.

4. Quando ele se sentir confortável para utilizar o marcador, convide-o a experimentar alguns dos exercícios descritos no Capítulo 2.

5. Em seguida, dê a seu aluno um novo texto para ler. Peça-lhe que leia tão depressa quanto possível para uma boa compreensão, utilizando um marcador.

6. Marque a velocidade na tabela. Você vai verificar que terá aumentado.

7. Está na hora de ambos fazerem uma pausa e tomarem uma xícara de chá ou café sem cafeína.

Diferentes técnicas de memorização

1. Depois de terem feito uma pausa, peça a seu aluno que tente lembrar o máximo que puder dos textos que acabou de ler.

2. Descubra, assim, qual a estratégia que ele usa. Lembrava-se do que leu? Anotou alguma coisa? Já sabia algo sobre o assunto e por isso não teve dificuldades em memorizar?

3. Em seguida, para expandir as competências do seu aluno, aborde cada uma das técnicas de memorização descritas no Capítulo 5. Permita-lhe experimentar cada uma delas.

4. Depois disso, coloque este livro e demais anotações de lado e peça ao seu aluno para que fale o mais detalhadamente possível do que acabaram de ler. Às vezes pensamos ter entendido e memorizado o que lemos, mas, se tivermos de descrever a alguém, descobrimos que não somos capazes de fazê-lo. Se o seu aluno for capaz de descrever a passagem com pormenores suficientes, isso significa que a técnica funcionou. Você só terá de determinar se essa técnica permitiu-lhe ler tão depressa quanto ele pretendia.

5. Relembre a seu aluno que as melhores técnicas de memorização são aquelas que permitem memorizar aquilo que pretende enquanto lê o mais depressa possível.

6. Quando o aluno seleciona uma técnica de memorização, deve ter em mente quando irá precisar usar a informação novamente; isso irá determinar qual método deve utilizar.

O sistema dos cinco passos

1. Utilizando os resumos sobre o sistema dos cinco passos, demonstre ao seu aluno exatamente como aplicá-lo. Utilize para isso dois jornais diferentes. Cada um escolhe um jornal e aplica o sistema dos cinco passos. O objetivo do processo deve ser reunir o máximo de notícias gerais e descobrir a história que considerem mais interessantes.

2. Quando tiverem selecionado uma história, usem a técnica de memorização que cada um entender ser a que melhor se adapta à sua história. Depois, cada um a sua vez, contem as respectivas histórias um ao outro com o máximo possível de detalhes.

3. Não se esqueça de cronometrar. Tentem ler um jornal completo em menos de 15 minutos.

Usar os olhos com eficácia

Ambos podem participar do exercício seguinte.

1. Entregue um exemplar deste livro ao seu aluno. Façam ambos os exercícios para os olhos do Capítulo 7.

2. No final de cada exercício, analisem os aspectos que observaram.

3. Antes de continuar, façam outra avaliação da velocidade de leitura.

Leitura flexível

1. Reúnam, juntos, um conjunto de diferentes materiais de leitura: cartas, relatórios, livros, artigos, revistas, jornais.

2. Trabalhe com seu aluno de modo que ele leia cada um dos documentos tão rápido quanto possível. Defina a melhor abordagem para cada um dos documentos. Não se esqueça de explicar o objetivo da leitura do documento.

Problemas e soluções

1. Despenda algum tempo a abordar os diferentes ambientes em que cada um lê e quais são os diferentes desafios associados a cada um. Descubra formas de ultrapassar as dificuldades.

2. Por fim, para testar a memória de longo prazo, cada um deve lembrar-se do máximo possível sem recorrer aos textos lidos durante o treino.

Resumo do sistema dos cinco passos para uma leitura eficaz

No final de cada passo, pergunte a si mesmo:
Qual é o meu objetivo? Já tenho as minhas respostas? Preciso ir mais além?

- **Passo 1**

O que eu já aprendi?

O que ainda preciso aprender?

- **Passo 2**

Revisão geral do livro.
Elimine o material desnecessário e sublinhe as áreas que garantam um estudo futuro.

- **Passo 3**

Familiarize-se com todos os tipos de vocabulário (técnico, comum e outros).
Continue a sublinhar as áreas de interesse.

- **Passo 4**

Leia o primeiro parágrafo de cada capítulo e a primeira frase de cada parágrafo.
Continue a eliminar as áreas desnecessárias.

- **Passo 5**

Selecione o que quer ou precisa ler e depois proceda à sua leitura.

A leitura eficaz "por ordem alfabética"

Acreditar – Você é capaz de coisas fenomenais. Faça daquilo que aprendeu neste livro seu primeiro passo para conseguir uma leitura eficaz. Procure constantemente formas de melhorar o que faz. Utilize a lista de livros indicados a seguir para obter conselhos sobre como atingir o próximo nível.

Alongamentos – A leitura envolve tanto o corpo como a mente. Ler pode ser uma atividade passiva. Após um longo período de leitura, seu corpo poderá ficar entorpecido. Faça exercícios de alongamento sempre que fizer uma pausa. Quando sentir que está perdendo a concentração, a primeira coisa a fazer é espreguiçar-se.

Aprendizagem – Adquira o hábito de aprender diariamente algo de novo a partir das suas leituras.

Concentração – Pratique as técnicas de concentração. Lembre-se de que não há memorização sem concentração, quer esteja lendo, quer esteja decorando nomes.

Conforto – Certifique-se de que o ambiente à sua volta é tão confortável quanto possível. Caso contrário, mude-o ou então vá para outro lugar. Se não pode fazer nenhuma dessas duas coisas, utilize a leitura multissensorial para manter a sua atenção e concentração e faça pausas a cada 15 minutos.

Conhecimento – Tenha como objetivo diário aumentar o conhecimento que tem de si próprio e do mundo.

Determinação – Não desista. Às vezes você poderá se sentir frustrado. Esse é um componente natural do processo de aprendizagem. Entre os seus velhos hábitos e as suas novas competências, poderá ter um período durante o qual sabe o que é capaz de conseguir, mas tem consciência de que ainda não o alcançou. Aprenda a apreciar essa sensação; significa que está no caminho certo. Reserve algum tempo para fazer uma pausa, reafirmar os seus objetivos, relaxar e só então continuar.

Divertimento – Quanto mais apreciar a leitura, menos "estressado" você ficará e melhor recordará o que leu. Quando definir seu objetivo, inclua nele o divertimento.

Exaustão – Quando está "estressado" ou cansado, a sua eficácia diminui. Você deve parar e fazer um intervalo, especialmente nos momentos em que sente que não tem tempo para fazê-lo.

Explore – Procure informação no maior número de fontes possível. Às vezes será mais rápido obter a resposta telefonando a um amigo, ou a um especialista no tema, do que procurá-la num texto.

Flexibilidade – Lembre-se de que você não tem de ler depressa sempre. Desenvolva a capacidade de identificar as situações em que pode ler depressa e aquelas em que deve ler devagar.

Grupo – Trabalhe com outros. Às vezes é mais fácil manter-se motivado quando trabalha em grupo do que sozinho.

Ideia – Faça combinações, cruze referências e desenvolva ideias tendo como base os diferentes materiais de leitura. Faça o jogo do "e se" com ideias novas. Questione-se sobre o que sucederia se acontecesse X em vez de Y. E se fosse capaz de ler uma página por segundo?

Justificação – Certifique-se de que encontra uma justificação para cada documento que lhe pedem para ler. Questione-se quanto à razão de sua leitura e às implicações do tempo que gastará fazendo-o.

Leitura ativa – Tome notas e escreva nas margens, circunde, sublinhe e assinale palavras, pense, discuta e debata à medida que progride na leitura.

Marcador – Use um marcador para aumentar sua velocidade de leitura, especialmente quando estiver cansado.

Memória – Melhore a sua memória dividindo a leitura como aconselhado.

Objetivo – Sempre que ler, faça-o com um objetivo claro e definido.

Organização – Limpe sua mesa, deixando apenas o que estiver relacionado com o trabalho que tem em mãos. Crie um bom sistema de catalogação de ideias, livros, trabalhos e referências diversas. Organize o seu estudo. Defina o que quer aprender, as fontes e o método a utilizar.

Partes exequíveis – Evite prolongar a leitura por mais do que 30 minutos de cada vez. Divida o material de leitura em partes que possa ler nesse intervalo de tempo. Se tiver muito material para ler, recorra a um despertador que o alerte para o momento em que deve fazer a pausa.

Questionar – Questione sempre. A opinião do autor não representa uma verdade absoluta pelo simples fato de ter sido publicada.

Revisão – Sempre que tiver oportunidade, consulte as anotações que tenha feito anteriormente sobre o tema. Por vezes, só apreciamos algo *a posteriori*. E não se esqueça que rever é essencial para memorizar.

Romances – A utilização do sistema dos cinco passos na leitura de romances pode estragar o seu final. No entanto, e como resultado da prática de ler depressa, você verificará um aumento na velocidade com que lê. Isso não diminui de forma alguma o prazer da sua leitura, mas poderá possibilitar-lhe a conclusão de um maior número de obras.

Tempo – Reserve tempo para o desenvolvimento de qualquer nova competência. Aprecie o intervalo de tempo entre saber que não sabe fazer algo e conseguir com sucesso. Seja paciente consigo mesmo.

Trabalhar é brincar engravatado – Torne divertido o que quer que seja que tenha de fazer, aumentando assim a sua resistência e melhorando o seu desempenho.

Utilização – Quanto mais utilizar a informação que aprende, mais fácil se tornará recordá-la e aplicá-la quando necessário.

Ensine alguém, escreva um relatório, um artigo ou um livro e debata o que lê com outros.

Vocabulário – Use os passos 2 e 3 (pré-visualização e leitura passiva) para identificar palavras que não conhece. Procure o significado delas antes de continuar. Sempre que encontrar uma palavra que não conheça quando estiver lendo, tome nota, continue e procure seu significado apenas quando chegar ao final do parágrafo ou da seção. Pode acontecer que o significado se torne claro no decorrer da leitura.

Você – A leitura e a aprendizagem são competências pessoais. Na maioria das vezes, você será o único envolvido no processo. Certifique-se de que as técnicas que usa são as mais adequadas para você. Experimente formas diferentes de ler e aprender e desenvolva um conjunto de ferramentas que lhe sejam adequadas.

ZZZ – Durma. Evite ler e estudar à custa de uma boa noite de sono. Faça pausas sempre que precisar. Antes de dormir, leia algo instrutivo mas leve, e pense no significado que tem para você.

Outras leituras e pesquisas adicionais

Estas são apenas algumas fontes disponíveis para que você possa continuar o seu trabalho. Em alguns casos, o livro inteiro é excelente; outros têm pérolas que vale a pena procurar. Procure nova informação por todo lado. Frequente o máximo possível de cursos. Lembre-se de que nem tudo tem de ser lido – aprenda por meio de programas de áudio.

www.tinakonstant.com – informação sobre a autora de *Ler depressa* e *downloads* de outros livros de Tina Konstant.
www.madaboutbooks.com – informação de qualidade da Hodder & Stoughton.
www.chrisfenn.com – para mais informações sobre a dra. Chris Fenn. Para obter o livro *The energy advantage,* contatar a autora em Input Nutrition, 19 Craigton Court, Aberdeen, Scotland AB15 7PF.

Beaver, Diana, *Lazy learning,* Element, 1994
Berg e Conyers, *Speed-reading the easy way,* Barron's, 1998
Berg, Howard S., *Super reading secrets,* Warner Books, 1992
Buzan, Tony, *The speed-reading book,* BBC, 1997

Cutler, Wade E., *Triple rour reading speed,* Macmillan, 1993

Coman e Heavers, *What you need to know about reading comprehension and speed, skimming and scanning, reading for pleasure,* National Textbook Company, 1995, 1998

Davis, Eshelman, McKay, *The relaxation and stress reduction handbook,* New Harbinger Publications, 1998

DePorter, Bobbi e Hernacki, Mike, *Quantum learning,* Piatkus, 1995

Dryden, Gordon e Vos, Jeannette, *The learning revolution, accelarated learning,* 1994; ou *Revolucionando o aprendizado,* São Paulo, Makron Books, 1996 (tradução brasileira).

Dudley, Geoffrey A., *Rapid reading,* Thorsons, 1997

Dudley, Geoffrey A., *Double your learning power,* Thorsons, 1986

Fenn, Chris, *The energy advantage,* Thorsons, 1997

Fritz, George, *The open focus handbook,* Biofeedback Computers, 1982

Herrmann, J., Raybeck, J. e Gutman, J., *Improving student memory,* Hogrefe & Huber Publishers, 1996

Hooper, Judith e Teresi, Dick, *The three pound universe,* Tarcher Putnam, 1992

Hunt, D. T., *Learning to learn, Elan,* 1993

King, Graham, *The secrets of speed-reading,* Mandarim, 1994

Khalsa, Dharma Singh, Dr., *Brain longevity,* Century, 1997

Konstant, Tina, *successful speed-reading in a week,* Hodder & Stoughton, 2001

Konstant, Tina e Morris, Taylor, *Mental space,* Pearson Education, 2002

Leo Angart (apresentado por), *Vision: the minds eye,* NLP Asia Ltd.

Lorayne, Harry, *Improve exam results in 30 days,* Thorsons, 1992
Luria, A. R., *The mind of a mnemonist,* Harvard, 1968
Mckim, Robert H., *Experiences in visual thinking,* PWS Publishing
Northledge, *The good study guide,* The Open University, 1990
Ostrander, S. e Schroeder L., *Superlearning 2000,* Souvenir Press, 1994
Ostrander, S. e Schroeder, L., *Cosmic memory,* Simon & Schuster, 1992
Rose, Colin, *Accelerated learning,* Accelerated Learning Systems Ltd., 1995
Rozakis, Laurie E., *21st century guide to increasing your reading speed,* 21st Century Works, 1996
Rozakis, Laurie E., *Power reading,* Macmillan
Schwartz, David J., *Maximize your mental power,* Thorsons, 1986
Szantesson, Ingemar, *Mind mapping and memory,* Kogan Page, 1994
Treacy, Declan, *Clear your desk,* Arrow, 1998
Turley, Joyce, *Speed-reading in business,* Crisp Publications, 1989
Wenick, Lillian P., *Speed reading naturally,* Prentice Hall International, 1990

Esta obra foi composta em Bembo 12/16
no verão de 2010 na cidade de São Paulo.